饌

NON SOLO AMORE

# 陪伴式成长
# 走进孩子的内心

[意]安娜·奥利维里奥·费拉里斯　著　王柳　张密　译

中国友谊出版公司

# 图书在版编目（CIP）数据

陪伴式成长：走进孩子的内心 / (意) 安娜·奥利维里奥·费拉里斯著；王柳, 张密译. -- 北京：中国友谊出版公司, 2022.11

ISBN 978-7-5057-5542-0

Ⅰ.①陪… Ⅱ.①安… ②王… ③张… Ⅲ.①家庭教育—教育心理学 Ⅳ.①G780

中国版本图书馆CIP数据核字(2022)第163652号

著作权合同登记号 图字：01-2022-5664

| | |
|---|---|
| 书名 | 陪伴式成长：走进孩子的内心 |
| 作者 | [意] 安娜·奥利维里奥·费拉里斯 |
| 译者 | 王柳　张密 |
| 出版 | 中国友谊出版公司 |
| 发行 | 中国友谊出版公司 |
| 经销 | 新华书店 |
| 印刷 | 三河市龙大印装有限公司 |
| 规格 | 880×1230毫米　32开 |
| | 8.75印张　196千字 |
| 版次 | 2022年11月第1版 |
| 印次 | 2022年11月第1次印刷 |
| 书号 | ISBN 978-7-5057-5542-0 |
| 定价 | 42.00元 |
| 地址 | 北京市朝阳区西坝河南里17号楼 |
| 邮编 | 100028 |
| 电话 | （010）64678009 |

版权所有，翻版必究
如发现印装质量问题，可联系调换
电话 （010）59799930-601

# 目录

第一部分

助其成长

# 儿童心理需求

养育一个孩子需举全村之力。

——中世纪谚语

现如今，孩子成长的世界与半个世纪前相比已有了很大不同，至少在欧美国家是如此。孩子们得到了更多物质关怀（吃、穿）、更多医疗护理，从小就习惯坐汽车出行，和父母出国旅游，爷爷奶奶们往往年纪也不大（还在上班、还能出门旅游），参加各种体育锻炼，拥有许多玩具，使用 PS 游戏机、电脑和手机等高精尖产品获取信息、休闲娱乐、隔空交流。现在的孩子们，一举一动都会让人觉得，他们的成长速度和情感需求都与从前的孩子有着本质区别，他们摆弄的那些科技产品——PS 游戏机、智能手机——让生活变得丰富和有趣得多。

如果说同过去相比，孩子们所处的外部环境、受到的外界刺激已有所不同，从而造就了新的兴趣爱好，可是在根本需求上，如今的孩子却和过去没有什么两样。人们尤其应该注意，不要觉得现在的孩子身心更加成熟，事实并非如此。第三个千年中的孩子们依然需要温情、交谈、奉献与自由玩耍。

美国心理学家戴维·艾尔金德在他的《速成儿童》一书里写道："人们觉得现在的孩子们很了不起，面对生活的各种变化，总能应对自如；从小就懂得察言观色，适应环境的能力极强，善于处理源源不断的信息，小小年纪就能够做出取舍。孩子的这些能力愈发使人相信，家庭中不能只是父母一言堂。然而，不论是'儿童一无所知'的现代观，还是'儿童无所不知'的后现代观，其实都歪曲了真实情况。'现代'的孩子不像大人想的那么单纯，而'后现代'的孩子也不像父母和社会期望的那样精明。不过，'一无所知'这种低估对孩子往往是有利的。这种情况都是对家长要求得更多，他们应当给孩子提供保护和安全，而不是要求孩子适应成人的需要。"

认可孩子的能力与天赋、促进强化孩子的自我意识并提高其自主能力固然重要，但也不要把"知道"与"理解"、"聪明"与"成熟"混为一谈。人可以知道一些事，但却不理解个中真意；人可以很聪明——就像孩子可以在短短几年中学会大量的事情——但却不成熟。使人成熟的，绝不仅仅是智慧，更有经历、反思，往往还伴有失败与痛苦。即使在多媒体与通信技术时代，孩子的健康成长依然离不开一些基本需求。这些需求如果得不到恰当回应，就会演变成一些不当行为，这些行为意味着一种缺失、一种困境。比如，5～6岁的孩子，如果得不到关爱，那么他①为了寻求安慰，也许会暴食、吃手（这个年纪的孩子已经可以不这样做了），或是一刻不停地缠着妈妈。一个愤怒的孩子可能会去欺负比自己小的孩子，或者通过咬指甲、轻微自残等行为把这种不满发泄在自己身上。长期处于惊恐中的孩子，出于自我保护而不敢表达情绪，唯唯诺诺，以至于看上去十分木讷，甚至呆滞。心理遭受过严重创伤的孩子则完全无法保护自己，任由其他孩子欺凌。在孩子的成长中，父母是最应关注满足其各种需求的人，此外还有一些成人的影响也至关重要。老师、爷爷奶奶、保姆、舞蹈老师、足球教练，等等，这些人都在孩子的成长中发挥着重要的补充与支撑作用：

---

① 本书在非特指的叙述性语言中，以"他"来指代所有性别。

他们是父母之外的"其他"大人，帮助孩子成长，是孩子依靠与亲近的人。这本小书也是写给他们的，为的是使长辈与晚辈间的交流更加轻松与自然。下文列举了儿童的基本心理需求；本书的第二部分则深入剖析了儿童在成长、亲子关系、与同龄人相处以及社会生活中的方方面面，对其中的典型问题一探究竟。

## 无条件的爱

"我愿意陪着你"，孩子希望经常接收到这一讯息，而且最好是要付诸实际行动而不只是嘴上说的。越小的孩子，越希望自己能够被完全接受、理解、支持和引导。

明白自己无论乖不乖、学习成绩好与坏，总会有人惦念、无条件地接纳自己，这是孩童时期的一种重要感受，能够让孩子建立安全感。小孩子有时候会意识到自己的脆弱；但是，想到妈妈或者自己依赖的人想着他时，就会觉得自己安全、强大、天下无敌。爱能克服恐惧。孩子如果知道自己有一个可以依靠的港湾，就能在经历创伤后更快地走出来。当然，无论是家长还是孩子，都可能会出现矛盾情感：一个人可能会对最亲近的人发火，但最后还是会与其重归于好。

亲子间的紧密联系恰恰是在孩子出生后的 3 年里建立的，在这一阶段，孩子比任何时候都需要关爱、呵护与支持。随着一点点长大，他需要感受到来自亲近之人的关心、帮助与信赖，需要他们承认自己在这世上的一席之地，需要感受到自己是集体、家庭、群组的一分子，这种归属感会带来乐观情绪，带来主动做事和参与行动的愿望。

所有这些并不意味着孩子淘气时家长应听之任之：与自己信赖的成人

生活在一起的孩子，随着逐渐成长，将能够容忍成长中必经的矛盾和"为了他们好"而受到的批评或责骂。合乎年龄与个性特征的规则会给予婴幼儿安全感：如果知道自己的父母能说了算、陪伴自己并且尽职尽责、在不同场合里举止得当、关注自己的身心健康，孩子会非常高兴。

## 尊重孩子的个性

一味地责骂孩子笨、傻、犟，孩子犯了错就冷嘲热讽，当众揭短，对孩子态度冷淡、漠不关心，这些做法不利于建立良好的亲子关系。对这样的家长，孩子会惧怕并且躲避，在家长以及其他大人面前会表现得不自在。

尊重意味着许多事情。比如，悲伤、嫉妒、愤怒、恐惧这些情感，要认识到它们是孩子的真情流露，而不能简单粗暴地予以否定或嘲讽，这是尊重；再比如，给孩子足够的时间成长，而非使他过早背上责任、负罪感或者太多嘱托而变得心事重重，这是尊重；对孩子的成长表示出信任，而不是以成人的标准横加干涉，这是尊重；认真倾听并真诚回应孩子的话，这是尊重；不拿孩子的短处与其兄弟姐妹或同伴的长处比，不给孩子贴上类似"矮个儿""胖子""笨蛋"等标签，这也是尊重。

有些难听的话，大人也许出于习惯或者不经意间随口一说，他们觉得无关痛痒，可孩子却是头一回听到，而且会认为大人的话很重要，那么这些话可能会被赋予完全不同的意义。孩子正处在探索自我身份的阶段，会把一些和他有关的定义类的话套在自己身上，这会导致孩子无法完整地认识自我、迷茫，不仅在大人面前，而且在其他孩子面前都感到自卑。

家长在与孩子交流时，不能总是敷衍了事、闪烁其词，这样才能营造信任的氛围。有时，面对一些令人尴尬或者恼火的问题，大人会采取各种方式回避：假装没听见、转移话题、偷换概念，或者是利用孩子的话玩文字游戏——毕竟，这些小听众还无法像大人那样熟练驾驭语言。如此一来，孩子与家长间的交流效果就会大打折扣。

如果家长过于频繁地使用这些言语伎俩，孩子可能会有如下几种表现：耍脾气，变得任性乖张；顺从，逐渐变得不爱说话，有时会一声不吭；效仿，随着逐渐长大，采取和大人一样的沟通策略。与此相应的是，孩子能迅速察觉出大人是否关心自己，对自己是真诚还是欺骗。孩子能从一组信号中明白这一点：大人怎样来到自己身边，看自己的眼神，说话时的语气、态度、笑容，当然还有言行是否一致。

对孩子来说，家长和蔼可亲、不数落自己（孩子心里知道自己是“小孩”，知道自己不具备大人的能力）、时不时关心一下自己做的事情，是很令人开心的。

## 大人的时间

我们都知道，在与孩子相处这件事上，质量比时长重要，可如果陪伴时长达不到一定标准，质量也会受到影响。孩子们需要有人关注他们、陪伴他们、花些时间在他们身上。肢体接触、对话、一起做些事情，这些都是良好亲子关系的必要条件。

婴儿在出生后的最初几个月里不会说话，也听不懂话，这时，肢体接触就是一种不可或缺的交流方式；不过，整个幼儿时期，孩子一直都是喜欢被人亲亲抱抱的。孩子对其依恋之人的存在是非常敏感的，和睦的关系中，这种存在能够营造温暖而安全的氛围。这就是为什么孩子喜欢待在妈妈、爸爸、奶奶、姥姥或者保姆的身边。这些重要的人，即使他们待在别的屋里、忙着其他事情，孩子也会因为能"够得着"他们而感到心安。正因为孩子能够感觉到这些人的存在，他们才会安安静静地独自玩耍；或者下楼到院子里玩个够，也是因为他们知道，家里有大人在。

不管是家长还是保姆，都不应该越俎代庖帮孩子做这做那；不过，在孩子需要的时候能予以指点、给出建议，帮助孩子解决困惑，听孩子背诗歌、背课文，这些做法不仅恰当得体，也能为孩子创造利于专注的良好环境。子女众多的大家庭也好，独生小家庭也罢，如果孩子能受到个性化的关注，能与父母时不时独处，有被倾听的感觉，则是好事。缺少关爱、自轻自贱的孩子，与其他人相比，遇到危险的可能性更大。这既是因为他们更容易被卷入麻烦之中，又因为他们想从别处获得家庭未给予过的帮助；可是，一旦遇人不淑，后果可想而知。比如，众所周知，恋童癖的受害者有许多都是受到虐待、缺少家人关心的孩子。

当然，这并不意味着家长要把孩子看得紧紧的，这不让做、那不让做，剥夺孩子主动做事、探索发现、挑战自我的乐趣。只是说，家长应当在孩子需要的时候及时出现。

## 情感稳定

这种需求的关键在于孩子需要拥有至少一种稳定的亲密关系。这种亲密关系越多越好。情感稳定会加深对他人的信任。体、心、脑的成长发育，既需要新鲜刺激，也需要稳定同一，需要在自然环境中、在人与人之间有所寄托。

生长在和睦安定、管理有方的家庭里，孩子会比较有预见性，洞察力很强，对自己与他人行为产生的结果有清醒的认识。稳定的情感是建立在多种亲密关系之上的，它会带来一种由内而外的乐观与信任，为孩子打下良好的情感基础。长远来看，有以下积极作用：

◇ 帮助孩子观察世界、开拓进取。

◇ 有利于培养孩子的逻辑思维（知道行动的顺序及其引起的反应）。

◇ 有利于孩子的社会化。

◇ 促进孩子是非观念的形成。

◇ 帮助孩子应对压力，克服沮丧、痛苦、恐惧等情绪。

◇ 有助于孩子在依赖与独立之间找到平衡。

◇ 促进孩子个人身份的形成。

◇ 帮助孩子更容易地解决冲突。

◇ 使孩子相信凡事都有解决办法。

◇ 有助于在未来发展良好的亲密关系。

情感稳定意味着家长在做事时也应当考虑后果。如果家长是那种上一秒暴跳如雷、下一秒却自责不已的人，孩子也更容易变得忧虑。酗酒者的孩子就是例子：家长喝醉酒后完全变了个人，清醒以后又为自己的行为感到无比愧疚。

在学校也是同样道理。面对任何改变，孩子都要理解和接受。但是过多的变化对孩子无益。"习以为常"是安全感的基础。当孩子不得不面对一连串变化，尤其是一些变故时——父母一方离开自己、自己长期住院、家人生病——他们应该得到理解与帮助。下面的事例揭示出，表面上看起来没有害处的改变（比如搬家），却会让已经习惯了周围环境的孩子感到不安。

4 岁的佳佳摆弄着她的玩具：两个木质小房子，用一小截绳子拴在一起。以前，她常常和其他孩子一起玩，做各种游戏；可是现在，她仿佛对这两个小房子着了迷，而且这种情况已经持续了一段时间。佳佳的爸爸送孩子上幼儿园，老师在与其交谈中得知，孩子在家里也经常猫在桌子下面玩，说那里是她的"小房子"；还有就是，孩子一家人最近搬进了一间比原来更大的公寓。有了这一发现，小房子的游戏也就有了新的含义：可以看出，对于某种变化，孩子适应起来是有困难的，这种变化不是她一时半刻就能习惯的。家里的桌子、幼儿园里的小房子，都代表着佳佳对过去的恋恋不舍。和大人一样，孩子也会不断给自己的过往赋予意义。在这个事例中，佳佳为自己创造了一种过渡：在新家的桌子底下，她重新做了一个原来的家；而那两个连在一起的房子则表明，孩子对从前的家依然印象深刻，那里承载了太多的情感。告别原来的家，接受新家，这需要时间；而对于一个 4 岁的孩子，时间的意义是与我们大人不同的。

当孩子不得不面对一连串变化，特别是那些会产生压迫感的变化时（父母一方离开自己、家人生病、转学或者转班等），他们应该得到理解与帮助。大人需要通过安抚和解释来缓解这些变化带给孩子的压迫感，让孩子恢复"世事如常"的感觉。

## 孩子的时间

比起那些受城市氛围、科学技术影响的成人，小孩子的时间更加纯粹，他们不像大人那样有计划与安排。孩子的行动更为缓慢，需要时不时停下来修复、完善一下经验体会，理解并巩固学到的东西。他们甚至可以在学习的过程中犯些错误、受点挫折；家长如果管得太多、太勤，就会剥夺孩子自主做成某件事的快乐。

"时间"也包括了成长的一些临界时期：随着不断成熟，孩子会对一些活动与行为萌生兴趣。比如，孩子在 2 ~ 3 岁时，会对语言表现出极大的兴趣；3 ~ 6 岁，孩子会非常在意同龄人与社会关系；5 ~ 6 岁时，孩子会开始学习写字；7 岁之前，孩子学习第二门语言会更加轻松；至于运动，应该先让孩子自由玩耍，进行一些非专业性活动，几年以后再开始某一专项体育运动。

孩子的发展是阶段性的，大人应当遵循这一点，既不能揠苗助长，也不要看扁低估。有的时候，家长要么操之过急，要么就是有些事情明明孩子已经可以自己做了，家长却不放手，比如：穿衣服、刷牙洗脸、使用家用工具、处理与小伙伴的矛盾。

孩子在很小的时候就能感觉到，他们需要把生活中的方方面面的各种不同的体验联系、组合在一起，并赋予其意义与内在关联；一旦他们会提问题了，就会抛出一连串的"为什么"。这些问题不仅仅是孩子与人交谈、交流、交往的借口，同时也表明孩子想要理解自己的所闻所见、所作所为，想要把这些事情串联起来，赋予某种意义。孩子非常渴望将自我与大众、家庭与外界联通起来。


## 负责任的家长

家长应该比孩子更坚强，能在必要时做出重要的决定。为人父母，虽然肯定不能像"暴君"一样专横，但却有义务规范孩子的行为，在孩子遇到危险时能够及时干预。孩子的有些行为不能不管。有时，家长的管教要当机立断，不能留有商量的余地。不管是幼儿，还是处在青春期的少年，都希望父母和蔼可亲，但也没敢想着让他们放低姿态。与那些严苛专制或者对孩子姑息纵容的家长相比，有威信的家长对孩子的约束实则充满了爱与关怀，对孩子的管教也更为有效。这与家庭结构种类无关。

家长在鼓励孩子独立自主的同时，也不能忽视孩子的依赖需求。不必非要制定严苛的规定、对孩子的态度"说一不二"。孩子知道，家里和其他地方不一样，自己的错误、脆弱、无能乃至遇到严重困难时出现的"倒退"行为，家都能够予以包容。有时，家长会让孩子树立所谓的"感恩心"（"你应该感谢我们没送你上寄宿学校"）、"愧疚感"（"你看你把妈妈气的"），这些情感实则是一种负担，不是所有孩子都能承受的。


## 为成长助力

小孩子善于模仿，许多行为都是在耳濡目染中学会的。孩子们需要掌握各种社交能力，比如合作、交友、有效处理矛盾。所有这些，既需要大人的鼓励，也需要让孩子在能力范围内逐渐担负起相应的责任。技能学习还包括其他一些重要方面，比如学会表达自己的需求、学会等待奖励。如此看来，一味地有求必应只会适得其反。

亲子关系这艘小船，游弋在两处礁石之间：一边是弃之不顾（也包括冷漠无情、不管不问）；一边是过度保护——孩子明明可以自己做，家长却处处包办。一个好的、成熟的家长，是不会陷入这两种极端的。家长应该给成长中的孩子权利与能力（表达、归属、参与、理解）；教导他独自克服困难；教会他做出选择（当然，前提是孩子掌握了必要的信息与能力）。有榜样做参考，孩子才能进行个性的打造。

## 游戏

孩子在整个童年时期都需要玩耍，不仅在室内，还要在户外。几个月大的时候，孩子就开始通过游戏逐步地认识这个世界。小婴儿什么都玩儿：自己的手、脚，别人的身体，声音，够得着、摸得到的东西，影子、光线，等等。玩耍对孩子非常重要，原因有很多。比如，孩子在做游戏时，出了错也不会觉得难堪，还能够"吃一堑，长一智"。游戏种类可以五花八门，重要的是游戏本身。不同年龄的孩子正是通过做游戏学到了各种能力。此外，玩耍还可以愉悦身心，强健体魄，让孩子感到自由自在。

做家长的都知道，有时候，找到一个能让孩子和小伙伴们自由玩耍、无须大人"严密盯防"的地方有多不容易。各种课外活动班多了起来：游泳、足球、马术、舞蹈、音乐、外语，等等；可是，也不要忘记留一片天地让孩子自由玩耍。经过用心设计的环境场所确实有助于培养孩子的一些能力（运动能力、认知能力、语言能力）。所以，孩子去体育场所锻炼也好，陶冶音乐情操也好，学外语也好，这些都无可非议；不过，孩子们还应该有一些别的体验，这些活动不是大人精心安排的，却对孩子的身心成长至关重要——没错，自由玩耍就是这样的活动。摆脱了计划安排的压迫，卸下了严格日程的枷锁，孩子们自然可以发挥想象，自己选择、决定和组织游戏。

儿童的自由玩耍包含一些潜在特质，成人设计的活动即便再科学有效，也无法再现这些特质。比如，自由玩耍时，身心都能得到解放，孩子可以从中恢复精力、修复心灵；现实世界里的一筹莫展，在游戏中都能凭借想象得以解决。再比如，自由玩耍中，孩子可以从不同的角度探索这个世界，不会被催促沿着某个既定方向"按部就班"。孩子在玩耍时，可以根据当时的需要，体验各种角色。孩子们在一起玩，"你假装是某某某，我假装是谁谁谁"，也就没有绝对的输赢了。

奔跑、跳跃、攀爬、翻滚、跌倒，这些看起来没有什么目的的游戏，不仅能让孩子收获快乐与本领，还可以彰显个性，培养自信、勇气与自控力。如果旁边有人看着，说明孩子想要表现出交际的姿态，想要用自己的这些动作引起其他小朋友的注意，想要投入到一段基于对等的交流当中。孩子们在一起时，会运用各种小心思，调节彼此间的互动关系：他们会学习如何建立、维系友谊，或是使其破裂；会学习如何在吵架之后重归于好、如何与别人进行"谈判"。

同龄人之间可以互相教授这些能力，因为觉得大家都一样。孩子们很少相互"指导"，而是通过观察他人的行为来学习。整个童年时期，孩子们都在"比"，他们互相比较，追问朋友、同学对自己的看法。他们通过这种方式，一点点加深对自己、对他人的认识，并从中受到鼓舞，敢于尝试一些原本无法应对的事。总而言之，即便是孩子，也需要身体与精神上的自主空间，在其中按照自己的节奏与喜好活动。所以，大人要抓住一切机会，尽可能为孩子创造这样的空间。显然，目前提到的各种儿童需求，家长一个人是无法全部予以满足的。这很正常。孩子的成长，靠的不是一个人的付出，而是许许多多人的努力。此外，一段关系的质量至关重要，亲子关系的培养，也绝没有什么现成的公式可以套用。不能要求家长尽善尽美、面面俱到。坚信仅凭自己就能满足孩子、他人只会荼毒孩子的"完美"家长，到头来也许会变成危险人物。另一方面，孩子能够明白，大人有大人的需要、局限与疲惫。孩子们也能很快分辨出不同的人、不同的为人风格。

这里列出的各种需求，仅供家长参照，并根据实际情况采取一些

13

措施，毕竟每家的情况都不一样。再者，孩子的秉性、发育速度也不尽相同，这就需要家长从自身的经验和书本上学到的理念出发，结合所处的现实综合考虑。

本书的第二部分，还提到了一些日常家庭生活中经常面对的问题，对读者或许会有一定启发。

# 不同发展阶段

## 婴儿与其周围环境

婴儿出生伊始，便可通过感觉器官感知周围环境的特点（响动、人声、光亮、肢体接触、冷暖，等等），并与身边照顾他的人建立最初的联系。在这一阶段，婴儿已发展出一系列能力。

### 视觉能力

将头转向光刺激的方向（定向反应）。

凝视视野范围内距自己 20 ~ 50 厘米且处于视线附近的物体；被哺乳时会看向哺乳者的面部，会被面部最灵活的部位——眼睛所吸引。能够通过晃动头部，追随视野内移动的物体；也可以在与他人面对面时对视：这项能力十分重要，它使婴儿可以同母亲或照料者建立并保持联系。

### 听觉能力

重复一次的声响刺激可以引起定向反应：婴儿会试着辨识声音的来源、

方向；然而，多次重复同一刺激，婴儿的这一反应则会消失，因为孩子会习惯重复的刺激（习惯过程）。相反，如果给予一个与之前不同的刺激，定向反应又会重新出现。这一新的反应表明宝宝能够分辨两种不同的声响刺激。

出生 3 ~ 4 天的婴儿已可表现出对母亲声音的偏爱。有些学者认为这种偏爱可以解释为一种妊娠末期的子宫内习得，当时婴儿的听觉已经发育。还有一些人则认为，人类的基因构造使其在出生后能够迅速实现这种习得。

## 其他感官能力及关系建立

依靠抓握反射（如同其他先天性反射，如：眨眼、吮吸、觅食、踏步等）婴儿可以获得触觉：手部停留在某一物体上，该物体会刺激手掌。其他的触觉则在婴儿被人抱着或者哺乳时的皮肤接触中获得。

婴儿能够辨认生母同其他哺乳期母亲的气味差别：婴儿会将头转向带有生母气味的棉团，而当棉团带有其他女性的气味时，这种行为则不会发生。

## 沟通与交际的根基

婴儿发射信号的本领与生俱来——手势、啼哭、喊叫、扭动——或者出于某种需要，或是不开心、难受。种种这些表现，婴儿的母亲会赋予其某种沟通意义，并尽力以恰当的方式回应：母婴之间形成了一种信息互换，建立了沟通的基础。类似的，怡然自得的体态、眼神接触，以及之后出现的笑、呢喃、手舞足蹈等行为，都在帮助宝宝建立最初的交际。

当然，他人的回应与鼓励对婴儿来说显然十分重要。少了这些，婴儿的生长环境会黯然失色。

16

# 出生之初的 18 个月

婴儿在出生后的几周里可发展出一些感知与运动能力，这些能力可以使婴儿认识周围的事物与空间特征。婴儿认知能力的形成也要靠与之共同生活的抚养人的引导。

## 感知、运动发展与空间征服

婴儿出生时便具备五种基本感觉，只是在成长过程中，这些感觉会进一步发展并且变得敏锐。在出生后的第一年里，婴儿的视觉能力会进一步完善，辨别不同声响的能力也会提高。探索外界事物时，吮吸的作用不容小觑：宝宝接触到物体，然后把它们拿到嘴边加以认识。

随着视力逐渐与抓握行为相协调（一般在 4.5 个月的时候），婴儿的控物能力也逐渐发展：看见什么就抓什么。彩色、柔软或者能发出声响的物品尤其富有吸引力。婴儿体态的发展为其以后的移动、爬行乃至行走奠定了基础。婴儿在 12.5 个月左右的时候能够在搀扶下行走，在 13 ~ 14 个月的时候能够独自行走。然而在这一点上，个体之间的差异也十分明显，有的宝宝 10 ~ 11 个月的时候就可以在搀扶下走路，有的则要到 16 个月左右时才能够独自行走。婴儿在开始移动的时候，会收集周围环境的不同信息，完善自己的一举一动，并且变得具有探索性。独自在空间中移动会带来愉悦感与自主意识，渐渐地，宝宝有了把握，想要进一步试探与挑战：上下楼梯、奔跑、滑行。

### 物体停留与物体间的相互关系

以前，人们一直认为小宝宝的世界是碎片化的、缺乏连贯性的，离开婴儿视野的物体即被认为消失不见，不会自主存在。实验证明事实并非如此。把某样物体用挡板挡住，出生几个月的婴儿会用目光在曾经放置过该物体的地方搜寻。

在物体前移动挡板遮挡后再移开，过程中随机取走物体，由此观察4～5个月大的婴儿的反应，可以看到，物体不再出现时，婴儿会表现出惊讶。类似的，相较于寻常的摆放位置，当物体出现在"不可能"的位置时（使用一些视错觉方法），5个月大的婴儿会更长时间地注视这种情形。这种行为意味着孩子已经记住了物体的某些空间特征。

### 成人干预与认知发展

周围环境中，旁人的行为——作用于宝宝本人或其他物体——会吸引宝宝的注意力，这些行为在帮助孩子的同时，也会成为其效仿的对象。出生几周后，宝宝会努力模仿他人的表情（比如吐舌头）。8个月时能够模仿行为举止。婴儿出生后的 18 个月里，智力是"实践性"的，即婴儿智力的运用依靠对周围环境的理解与行为。它使婴儿能够自由组合已有行为来适应各种新环境。下面举例说明成人如何通过与宝宝互动来促进其认知发展。

◇ 宝宝 3 个月时，母亲可在其手中放置物品。
◇ 宝宝 6 个月时，母亲向其递出物品，宝宝伸手抓住。

之后开始轮流递物：在与母亲做相同行为的过程中，宝宝先是索要和接收物品，之后能够再给出去，然后再等待重新接收物品，如此交替进行。这一阶段，递物互动的发起者多半是母亲。

◇ 宝宝 8～10 个月时，想要得到或归还某样物品时，会发出元音表达诉求。在这一阶段，宝宝会主动递给母亲物品，表示想要开始递物游戏。

这些以游戏的方式反复进行的互动行为，可以教给孩子一些关于相互性的基本规则。此外，孩子也会学到，可以加入新元素丰富沟通的形式，有些规则也会发生变化。

还有那些带有符合孩子年龄的图像的书，使他们能够理解图像表示的是什么并说出它们的名字。

## 幼年期：18 个月至 6 岁

这一时期，孩子会在不同环境中学到许多东西，掌握多种技能，在不同空间中的行动日渐自如，讲话，思考，甚至与不认识的人交际。

### 接触符号与记号

18 个月至 2 岁这一时期，以出现象征能力为标志，孩子可以想象出物体、人、行为、事件、场景。象征思维支配两大工具：象征与符号。象征表现出与其含义或多或少的相似性。我们能够运用头脑中的影像，脱离即刻感知，并且，在之后再现某一需要模仿的事情。儿童在做游戏时会模仿实际生活或者童话故事中的场景：消防员救火、过家家、当兵打仗、王子和公主的故事等。

符号是约定俗成的，孩子从周围环境中习得，比如言语符号、数字符号。家长大声地给孩子讲故事、读故事，这既有助于孩子语言能力的发展，又能激发孩子的想象力。

### 语言理解与产出

在最初的词汇表达（9 ~ 12个月）、句子表达之前，有一些十分重要的阶段（模仿、重复、表明动作的手势），它们都在直接为学习与应用语言这门交流工具做准备（前言语阶段）。

从18个月时起，孩子的进步会十分迅速。理解总是会优于产出，相关表现也因人而异。孩子理解能力良好而言语能力迟滞的现象屡见不鲜。

在语言产出过程中，孩子会尝试创造出一些并不存在的词汇和语句，但这也表明孩子感知到了基本语法规则（例如："小鸡"说成"小的鸡"，"称一称"说成"斤一斤"），这类言语现象表明孩子并非局限于模仿他人说出的词汇和语句，而是运用自己的思维方式，加入到成人或比他大的儿童的语言系统中去。

### 初步推理能力

从18个月大开始，孩子能够在头脑中呈现过往经历，并能直接比对，特别是能够指出某一类经历的共同特征（物体、人物、场景）；不过还不能进行一般性与抽象性推理。

该年龄段儿童的推理模式是从特殊到特殊，还不会像成人那样从一般到特殊，或者从特殊到一般：孩子遵循的是直接类比。比如，当被问到"下雪是为什么呀？"，该年龄段的孩子也许会回答说"为了滑雪"。

3 ~ 4岁时的思维特征是以自我为中心。孩子倾向于一次考虑一个因素，在解释自己的经历、认识世界时，更喜欢从自身出发（他觉得大家都是这么想的）。比如，孩子会认为物品和他有同样的意图。这种思维仍然囿于即刻感知，无法利用先前于其他场景或环境中接收到的信息产生发散。

尽管正在步入逻辑思维（实际的）阶段，一名6岁儿童的推断能力依然有限，并倾向于理解大人们的字面意思。这个年龄段的孩子仍会认为，一切发生的事情都有原因，而他们就是这个原因。因此，他们会为和自己毫不相关的事情负责："狗被汽车轧死了，因为我不乖。"孩子的自我主义和天马行空的想法交织在一起，往往会让人听得一头雾水（孩子之前对狗发脾气，希望它死掉；现在，想法变成了现实，应该是因为他）。未来和过去只是笼统的范围，没有明确的时间划分。一个6岁的孩子如果对你们说几天前发生了一件事，那么这个"几天前"可能是昨天，可能是上星期，甚至可能是上个月。死亡尤其难以理解，因为该年龄段的孩子很难想象生命的终止意味着什么。

## 自我意识

孩子从2岁时便会展现出相当明确的自我概念。使用镜子观察，这一点显而易见。在孩子的鼻子上画一个红点，人们发现，18 ~ 21月龄的孩子在镜子中看到自己的形象时，并不会伸手去摸自己的鼻子或脸；而24月龄左右的孩子中，大约2/3的人会去摸自己的鼻子。该年龄段的孩子还会开始使用"我""自己""你"这些代词，表现出能够清楚地把自己同他人，特别是母亲——初生阶段朝夕相处的人——区分开来。

21

3 岁时，孩子有了个体的、会思考的、外人看不到的自我概念：他们知道自己的想法大人们看不见，于是也就发现可以撒谎……

3 ~ 4 岁的孩子谈论自己时会使用第一人称，意识到自己是讲话者。这一新形成的思想能力使得孩子能够开始描述周围的世界。双语儿童则可以开始翻译。孩子可以讲述之前发生的事情、想象将来或者美化一下现在。孩子很早就能理解父母希望他们做什么、成为什么样的人。从这个意义上可以说他们在内化父母的处事准则与价值观。4 ~ 6 岁的孩子提出的哲学问题往往令人猝不及防、错愕迷茫（比如：思想在哪里，人类是从哪里来的），但同时，事物间的联系、局部与整体之间的联系仍然遵从主观臆断。有些事物的运作孩子能够理解，有些则不能：比如，他们也许会认为自行车铃铛是自行车运转的关键，却忽略了链条的作用。不过，他们却能够想象不存在的场景，这使得他们可以做一些新的想象创造类的游戏，以及欣赏童话故事。

## 性别与性欲

正是在 3 ~ 6 岁的年龄段，许多孩子会发现触摸自己生殖器官的乐趣。他们还会对性别乃至文化范围内所有因"男女有别"而产生的差异感兴趣。家长面对孩子这些在该年龄段属于正常的好奇行为，不打骂责罚、保持心平气和固然不错，却不可故意反复抚摸或摩擦刺激儿童的生殖器以引起其性欲，进而在儿童与成人之间制造出一种暧昧关系。还需要考虑到，儿童性欲中情欲的成分非常有限。除去一小部分更容易感到兴奋的孩子，儿童性器官活跃引发的局部愉悦感微乎其微。

在发现性器官以及男女生理构造差异的同时，有些孩子还会出现最初的性幻想。4 ~ 6 岁的孩子会开始出现羞耻心，有些人认为这与孩子的感知能力相关，还有人则认为这取决于孩子的生活与成长环境。此外，裸露身体在不同的场合中的意义不同，不必非要联系到性刺激方面去。

### 社会化

3～6岁，孩子应当拥有丰富的社交机会，尤其是与同龄人。同成人的交际不可或缺，但也仅仅是一方面而已。孩子期待从成人那里获得技能，而这些技能他并不指望能从同龄人当中获得，因此儿童对成人更加信赖。与同龄人之间的社交则处于更加平等的层面，锻炼的是其他技能：朋友是争取来的；和朋友吵架，然后学会和解；需要懂得维系友谊；有嫉妒，有争斗，有团结，有包容。面对分歧，孩子们不得不各自做出让步并且合作，因为不像有大人在场时那样——没办法找人评理了。

## 学龄／童年阶段

6岁到青春期这段时间的特点在于：孩子参与群体学习；孩子关于自我、他人、周围现实的"去中心化"能力发展。

### 思维的进步

6～12岁，孩子开始能够进行与实验数据相关的运算，不再延续之前的典型做法，即任由注意力集中在事物那些能够立刻感知的、醒目的或者刺激感官的方面。如同瑞士心理学家让·皮亚杰所说，思维运算是一种"可逆"行为，内化于整个系统当中，并且可以调节。当事物（或场景）发生改变，而孩子却仍可将其固有特征保存在记忆中时，可逆性（以某一方向完成动作，而后再反方向完成）也就形成了。比如，如果我把一个细高杯子里的液体倒入一个粗矮的杯子里，那么根据即刻感知，第一感觉肯定是后面这个杯子（粗矮）里的液体少；可如果我还记得，这些液体填满了之前的细高杯子，并且注意到在倾倒液体时发生的变化（从"高"到"矮"，从"细"到"粗"），那么我就不会错误地说矮杯子里的液体比之前高杯子里的液体少。可是学龄前儿童却极易犯这样的错误，他们感觉被欺骗，认为"矮"比"高"要少。

学龄期儿童还会学到其他技能，这使得他们能够在设计和管控智力活动方面做得越来越好，他们的思维也表现出愈发具有逻辑性与推理性。此外，他们还能够兼顾到多个变量：比如上文提到的杯子，第一个杯子虽然高，但是细；第二个杯子虽然矮，却更粗。

## 游戏与游戏规则

要使游戏进行下去，需要组织管理、遵守轮次与执行程序。运算思维中的"去中心化"使得学龄儿童能考虑到他人的想法，在做游戏时遵守共同的规则。

5岁以下的儿童会经常改变游戏规则。5 ~ 6岁的儿童认为，因为规则是大人们定的——而非规则本身的重要性——所以必须遵守。比如，不可以说谎——不是因为说谎这件事不对——仅仅是因为会被别人发现。

7 ~ 8岁时，孩子会在一次游戏或一场比赛中遵守某一规则，然后在下一次改变它——可以是任性为之，或是征得了一致同意。儿童长到10 ~ 12岁时，规则已经是完全制式化的内容，被视为规范社会活动、社会关系的必要条件之一。

## 思维年龄与社会化

这一时期孩子进行的是基础性学习，如算术、阅读、书写等，还会学到一些社会规则：角色（父亲、母亲、孩子、老师、学生……）、机构职能（尤其是学校里的，但也有市政机构、体育协会机构的）、同侪团体内行为规范等。阅读可以极大地拓展孩子的视野，丰富他们的语言，让思维变得更有条理。5～7岁是阅读能力培养的敏感期：并非所有的儿童都能在同样的年龄学会阅读，阅读速度也不尽相同。阅读能力需要多方因素共同促成（要认识字母、区分外形相似的字母、把发音与重音相结合；想要理解句子，需要记住已经读过的词，预见可能的意思，等等），这些因素也解释了前面提到的个体差异。

孩子与同龄人的关系变得越来越重要：与朋友和同学在一起，孩子能学会用不同的方式沟通、互动，能体会到人与人、家庭与家庭之间的不同。能够发现集体生活的规则，并在同他人打交道时学着运用一些"手腕"。

心理学家伊娃·弗罗默是这样概括7～10岁这一年龄段的："在且仅在这4年中，孩子自由自在地穿过一片又一片为他开放的、一望无际的试验田。它们教会他情感的语言，以及那些美好与不美好情感的区别；它们教导他，世界是他的一部分，是他经历的一部分；它们教给他许多关于同龄人、关于友谊的东西。孩子心中萌生了交友的愿望，想要学着与自己的同类合作达到共同的目标。在这段时期将要结束时，孩子突然间遇到了自我，需要架起一座联通生命内在与外在的桥梁。这是一场壮美的旅行，需要孩子身边成人的正确理解与引导。"

### 青春期里的变化

青春期发育标志着孩子进入了青少年。青春期是由童年向成年的过渡时期，以身体、认知和情感方面的变化为特征。在西方国家，青春期可持续数年，以至于可以划分为前期（12 ~ 14 岁）、中期（14 ~ 17 岁）和末期（17 ~ 19 岁）。青春期之前的 2 ~ 3 年称为"准青春期"：这时的儿童已经是大孩子了，能够进行一些有根据的推理，富有好奇心，爱动脑，记性好，兴趣广泛，能够理解他人的观点，并积极地接收来自成人世界的信息。同时，他们也在追求被接纳与归属感。有些孩子时而会表现出异常的敏感，渴望融入其生活环境，以至于在从小学升中学时，会觉得没有得到老师的关注就不再学习，逐渐沦为班里的边缘人。

### 青春期的开始与持续时间

性激素开启青春期、性成熟以及外观变化这些情况在孩子身上发生的时间不尽相同：女孩在 10 ~ 16 岁，男孩在 12 ~ 17 岁。

女孩 14 岁、男孩 15 岁时仍未出现发育迹象的情况就可称为青春期延迟。发现自己的发育明显不同于其他人时，孩子可能会产生某些心理问题：过早发育的女生和发育明显滞后的男生都可能会产生消极情绪。

### 思维的进步

学龄期儿童的思维虽然有一定的逻辑性，但仍比较具体，孩子只能根据可见的或能够想象出来的场景进行推理；进入青春期后，孩子会从"直来直去"过渡到"可有可无"，能够从抽象假设出发进行思考。不过并不是所有青春期的孩子都具备这项能力，它不仅与认知上的成熟有关，也在于孩子能否接收到相关的刺激。

在假设与抽象之间的灵活思维有利于孩子发展从道德原则和意识问题开始的推理能力，虽然这并不意味着之后他会践行这些原则。

### 身体的新形象

身体外观上的变化要求青少年接受一个与孩提时代不同的新形象。这项成长"作业"有时会带来一些麻烦：他们会讨厌自己、觉得自己不好看、嫌自己太胖或者太瘦、不想长大、不擅处理自己的性冲动，等等。在青春期初期，些许迷茫是正常的。然而到了末期，这种困难应当能被克服，少年会适应自己的身体，学会重视它并／或接纳它。

着装有时表示的是想要和其他人一样，有时则意味着想要与众不同。有的孩子穿着制服时觉得很自在，有的则恰恰相反，追求独特，希望成为关注的焦点。

### 性冲动

性成熟会使青少年去寻找满足性冲动的办法，开启相关防御机制，以应对愿望不被满足时伴随而来的紧张情绪。比如，有些青少年会采取一些克制欲望的做法来压抑冲动、控制自己的身体：节食、熬夜、进行高强度锻炼等。

年轻人应当正视自己的性欲，在与他人交往的同时尽可能区分"性"与"感情"。

## 告别孩提时代

孩子在青春期的"作业"之一是走出对父母的依赖，在这之前，父母一直被认为是无所不能、无坚不摧的。此时孩子会在友谊上投入许多，从而与父母疏远或者干脆脱离；或者，更常见的情况是，孩子的这种脱离是循序渐进的，伴随着一系列在某些具体时刻求独立、求关注、求呵护的表现。之前对父母的爱现在转移到自己身上：自我欣赏是有必要的，为的是让青少年开始学会尊重自我。

在发现父母并非完人后，年轻人有时便会顶撞父母与老师。一边闹着要独立，一边盼着被关心，少男少女们徘徊其中，甚至会采取一些逆反行为求得关注（不洗澡、挑食、着装邋遢等）。

面对这些，作为父母，不应垂头丧气，而是要这样做：努力回忆自己的青春期；支持孩子独立，同时也应当从小就注重教育孩子、培养孩子的心理素质，锻炼孩子的独立性；和孩子谈心、给孩子做榜样；面对孩子的叛逆，不要发愁，而要把它视为成长的一部分；在必要时，善于管教孩子，态度上要不卑不亢。

## 与同龄人的关系

少男少女会在同性密友身上找到"另一个我"，在一起既能聊爱好、聊八卦、聊理想抱负，也可以聊心事、聊困惑、聊难处。身边有伴儿时，人会感觉自己更强大、更勇敢、更容易面对世界。

与孩提时代的父母一样，小圈子里的朋友们都是理想化的形象，尤其是好哥们儿或者好闺蜜。相互认同的需要在青春期初期尤为明显，它代表着对父母形象认同的延续——特别是父亲之于儿子、母亲之于女儿。

　　在扩大的同龄朋友圈里，青少年会在共同活动中拿自己与他人进行比较。他们还会趁这些活动之机做各种越轨出格以及和规则唱反调的事，并在此后进一步认同或摒弃年幼时学到的准则与规定。

　　这个年纪的孩子，在与同龄人相处的过程中，可能会巩固原来的友谊，或者经历最初的幻灭。

第二部分

# 解决问题

# 收养

过去，收养大多在国内范围进行；如今，国际收养也多了起来。通过收养来扩大家庭是完全合法的，但是需要为此投入时间与精力。走上收养这条路的人，必须在法律程序和心理上做好准备。

官方手续。收养人需要前往具备办理国内／国际收养手续资质的机构，配合接受专家的访谈与测试，然后耐心等待评估；评估合格后，领到分配的孩子——大多情况下不是婴儿，而是两三岁甚至更大的孩子。孩子的种族、肤色可能与收养者不同；有时候，被收养人还可能是两兄弟。在某些情况下，孩子的生身父母因为某些原因被剥夺了抚养权，收养这样的孩子存在法律风险，困难重重。

心理投入。心理上的可支配性应该是全方位的：养父母必须完完全全地接受孩子，不能抹去他的从前；收养后再"退还"的话，可能会对孩子造成情感伤害。此外，孩子也许会问一些问题，或者是听到了周围人的议论，想要和养父母谈谈。每当这时，养父母们都要做好准备，再次面对"收养"这一话题。可以说，每个收养家庭都有一段独一无二、不可复制的故事，这些家庭当中的人都要尽可能自然而然地生活。然而，他们中的大多数，迟早要面对一些经常性的问题：如果是一些预先知道的问题，人们就能够更好地解决，从而不会产生"自家情况不正常"的烦恼——其实，哪里有什么"不正常"的问题，现如今，不同家庭在组成、结构上都可能存在很大区别，收养这件事也到处可见。

◇首先要明确一点，真正领养到的孩子可能与期待的和预想的稍有不同，甚至大不相同：这种差异可能不仅仅是身体外貌方面，还有可能是内在秉性方面。比如，孩子可能会比预想的要好动、活泼得多；或者，由于早年间缺乏关爱，孩子需要比常人更多的呵护与关注。

◇大多数养父母都会告诉孩子他的身世，即使孩子被收养时还很小、不记事。这样做，一来是为避免孩子意外知道真相后感到五雷轰顶；再者，每个人原则上都有权知道自己出生的真实情况。

◇学龄前的孩子，养父母可以给他们阅读或讲述一个"被收养的小孩子"的小故事。这样做，能够有效地引入养父母自己的收养故事。

◇在与孩子谈论其生身父母时，应当避免出现批评、贬低性的话语，否则可能会让孩子变得抑郁、自卑，没有人愿意知道自己是被抛弃的。养父母要向孩子解释为什么他的"第一个妈妈"（对更小的孩子，也可以说"大肚子妈妈"）会把他送给他们收养，比如妈妈太年轻，没办法照顾一个小宝宝，等等。

◇成长过程中，养子女也许会注意到自己与养父母之间的不同——在此之前，即便知道自己是被收养的，孩子也不会察觉出这些差异。这是孩子认知能力有所提高后的正常现象，家长无须紧张，反倒可以借此机会对孩子予以解释，让孩子感到安心。

◇关于养父母与孩子之间由于人种不同而出现的外表差异，家长应当平和地与孩子进行探讨；如有机会，家长应当鼓励孩子结交同种族的同龄朋友：孩子同这些人在一起，可以减少自己"与众不同"的感觉。

◇如果养子女在青春期时有认亲的愿望，而且孩子的生身父母或其中一方可以联系得上，那么养父母可以考虑安排一场见面。养父母同时也要明白，如果养子女和自己的关系十分牢固，那么，不论这场见面多么令人感到激动，它也不会改变养子女的感情，无非是满足一下他们的好奇心罢了。


## 决定收养之前的扪心自问

◇我想要的，是一个理想的孩子，还是一个真实的孩子？

◇我能在他身上投入必要的时间与精力吗？

◇如果孩子有健康或心理问题，我会觉得失望或者被骗了吗？

◇如果孩子的性别非我所愿，我也会欣然接受吗？

◇如果孩子不符合我的预期(身形样貌，学习成绩，脾气性格)，我也会欣然接受吗？

◇如果孩子在被收养后出现问题，我能够积极面对吗？

◇面对那些有亲生孩子的家长，我心里会觉得不舒服吗？

◇收养孩子可能会招来非议，这会深深地伤害到我吗？还是也没什么大不了的？

◇其他家人(配偶，可能还有孩子)做好走这一步的准备了吗？

◇即使遇到一些问题，我也会无论如何都把孩子留在身边吗？


### 关于收养

每个孩子都想知道关于自己的故事，希望父母认可自己、觉得自己独一无二。父母经常与孩子谈论其出生时的情形，会让孩子感到安心。既然孩子要问，我们也不应该害怕一遍又一遍地回到这个问题上来。对于收养这件事的谈论不是一劳永逸的。孩子们渐渐长大，知道的事情越来越多，再加上听到旁人的一些议论，他们会把事情联系起来，做出判断，这些想法可能会引发他们的好奇甚至不安。因此，家长需要以平和的心态反复应对这一话题。

3～6岁。孩子3岁左右（甚至更早）时，可以开始给他讲讲关于收养的事情了。家长要赋予"收养"这个词一种积极的含义，虽然这个年龄的孩子还不太能够理解，但是会开始慢慢熟悉。

6～7岁。孩子会开始注意到大多数同学都与自己的生身父母生活在一起。他们还可能会听到一些风言风语，或者被问一些他们答不上来的问题，比如："为什么你的第一个妈妈没让你和她在一起？"这种问题应当予以应对。要面对这个问题，告诉孩子，人们通常会对自己不了解的事情持怀疑态度，并教会孩子如何有效回答。

8～12岁。在进入青春期之前的这几年里，有些孩子如果觉得自己因为某些事而与其他人不一样，就会感到非常不自在；对这样的孩子，养父母应该予以安抚，还可以根据实际情况，教给孩子一些回答方式："这是私事，我不想说。""我妈妈不能把我留在身边，所以让别人收养了我。""有什么奇怪的？本来也不是家家都一样……""我在我家过得很好，你呢？"在学校里谈论收养，指出这是一件很自然的事情，聊一聊它的积极意义，也能带来人们观念的改变。

青春期这个年龄段的孩子正在寻找新的、更加成熟的自我身份，相比童年时期有家长帮助，这时候孩子需要更多地靠自己了——一些之前看上去已经克服了的适应性问题，现在可能又会冒出来。青春期的孩子与父母产生矛盾是正常现象，有些孩子却会把这些矛盾归咎于"自己是被收养"的这件事和／或自己与父母肤色的差异。对此，家长要保持头脑冷静。"收养"和"人种"这两件事常常会成为接收各种青春期困扰的垃圾桶，少男少女们瞄准这两个"靶子"，宣泄着他们的不满与焦虑。面对这种问题，家长需要与孩子对话，尽量将收养话题与青春期的一时焦虑区分开来。如果孩子到了某个时候想要认亲，而且这件事可行，那就最好能够满足孩子。把自己的故事拼凑完整，这是一种正常需要。对很多人来说，特别是养父母和孩子种族不一样的情况，有时需要去他们的出生国做一次旅行。至于发生在青春期的收养，这样的亲子关系，与收养一个婴儿后建立的亲子关系是不一样的，但也并不因此而逊色。收养这件事，几乎从来都不仅仅在于有个人养活孩子、给他一个家或者教会他一些事情，它还要满足孩子深层次的情感需求，填补某些空白，甚至帮助孩子走出从前的阴霾。

# 假想伙伴

如果我们的孩子与一个假想的伙伴说话、玩耍或者吵架，我们应该为此担心吗？如果孩子想象出一个类似自己的人，说明他脱离现实了吗？还是说，他的身体出了什么问题？在家或者在学校遇到了麻烦？

心理学家玛乔丽·泰勒出版了一本名为《假想伙伴与创造他们的孩子》的英文书。在她看来，家长不仅不需要担心这种情况，还应该把它看作正常与健康的，孩子是在以这种方式适应大人们错综复杂的现实世界；在这个世界里，他们羽翼未满，初探新奇。再者，现在的孩子很喜欢一些卡通人物——它们当中有许多都从有形化为无形——这样也就不难明白孩子们为什么会为自己创造出一个专属"假想伙伴"了。

泰勒认为，在 3～8 岁的儿童中，有 60% 的人有或者曾经有过"假想伙伴"。也许我们会觉得这个比例有些高，这是由于——泰勒对此解释为——家长和老师并不总是能察觉到这个伙伴的存在。

3～4 岁的孩子提到假想伙伴时，就像真有这么个人一样；7 岁之后，孩子可能会依靠它来克服一些困难，但却不愿意告诉大人或者其他孩子。的确，这个年纪的孩子明白，要是别人知道自己有一个看不见的朋友，一定会觉得很奇怪。还是把它藏起来，自己专用吧。

**永不枯竭的能量来源。**"假想伙伴"可能是一种能量来源。当我们感到惊恐时，如果身边能有比自己更强大、更精干的人，这会让我们感到安心，并能给予我们应对困难的勇气。在这些情况中，"假想伙伴"拥有与守护天使 ① 一样的神力。"宝可梦" ② 系列作品之所以能够取得极大成功，也是同样道理：每一个宝可梦，都是孩子们无尽的能量来源。

**牺牲品。** "假想伙伴"的用途各种各样。有的孩子会把他用作"牺牲品"。比如，4.5 岁的龙龙看到动画片里的人被雷电击中后会炸成碎片。于是，每次去幼儿园，他都会带一只绿色的布娃娃恐龙。到了门口，他会停下来，先把小恐龙扔过去：如果没什么事发生，那么他明白自己也可以放心走进去……

**玩伴。** "假想伙伴"是一种陪伴。泰勒在她的书里提到了一些实例，其中有一个 6 岁的男孩，为了不在每天往返于学校和家的路上感到孤独，他给自己想象出了一个"滑板朋友"。对独生子女来说，周围没有其他孩子的时候，这个看不见的伙伴能让他们觉得有"人"和自己一起玩，而且可以扮演不同的角色。

**另一个我。** 对于这个假想的朋友，孩子可以让他有愿望、有想法、有脾气、会说谎、会害怕；还可以让他背负过错与责任。孩子可以惩罚他或者表扬他，打他或者拥抱他。通过这种想象，孩子可以说出一些平时不说的话，流露出一些平时不愿流露的情绪。对家长来说，这个看不见的朋友甚至可能是一扇窗，透过它，可以看到孩子的内心世界。

**怎么办？** 当孩子想让我们参与到他的幻想中时，我们对此要持何种态度呢？以下是几种可取做法。

---

① 宗教意象，守护天使是指被分配去保护和指导特定的人、团体、王国或国家的天使。
② 旧译"神奇宝贝""宠物小精灵"等，日本跨媒体作品系列，包括游戏、动画、漫画、卡片游戏及相关产品。

◇家长要是觉得别扭,觉得配合孩子的做法太做作,那么可以不予理睬。不过,有些话最好不要说,比如"这是件蠢事""人无法和不存在的人说话"。孩子当然知道,他们想象出来的人与有血有肉的真人生活在不同的世界。大人不愿走入孩子的魔法世界,对此,孩子也一点都不觉得惊讶,因为大人毕竟是大人⋯⋯

◇家长如果愿意陪孩子一起玩,那能做的也仅仅是参与其中,不能想着指手画脚、讲道理或者立规矩:孩子凭着想象构建出的世界其实非常脆弱,一旦有什么不和谐的东西闯进来,顷刻间便会化为乌有。对于孩子说的话,家长也不要抠字眼或者骂出难听的粗话:现在的孩子已经在电视里看到了太多的暴力,需要通过游戏来进行调节。

◇要是孩子把他闯的祸推到"假想伙伴"的身上——比如,孩子发脾气,摔碎了一杯橙汁,然后说:"是'丽丽'把橙汁洒在桌子上的,不是我!"——家长可以将计就计回答说:"好啊,那你们俩一起把桌子擦干净!"这样一来,让孩子对自己行为负责的同时,也避免了一场争执。

**不可逾越的界限。**对于"假想伙伴"这件事,该怎样把握好一个度呢?这个看不见的朋友,应该永远是看不见的,他的行为或者愿望也都应该是看不见的。举个例子。如果这个朋友和我们坐在一起吃饭,那么他的刀叉、餐盘也应该是看不见的,他吃的东西也是看不见的:要是我们一时头脑发热,留给他真实的空间(椅子、盘子),那事情可就搞砸了,孩子会以为我们真的相信了。

**何时需要担心?**当孩子过分地投入到与"假想伙伴"的关系乃至不愿再与真正的孩子一块儿玩时,家长就应该注意了。这种情况就需要心理学家来帮忙了。

# 爱

我们常听人说，亲子关系中真正有分量的是"爱"：我们反复地提到它，却几乎忽略了它的含义。

的确，"爱"是什么，它应该有哪些表现，这些并不总是那么清楚。家长对孩子的爱不仅仅是一种亲密的感情，它是以"明白如何去爱"为前提的。家长应该对自己的孩子表现出两种爱：慈爱与严爱。如果家庭中能够正确平衡这两种形式的关爱，孩子就能够为自己的成长发育找到必要的养分。

慈爱的含义很好理解：我们要让自己放松并且充满爱心；在孩子耍脾气或者捣蛋时不会头脑发热；我们要信赖自己的直觉，从众多的外部压力中解脱出来，能够真正地陪伴孩子。在与孩子相处时很容易产生这种情感，不过它也需要继续发展。并非所有人都在慈爱中长大，这也是为什么有些家长难以对自己的孩子表现出十分关爱。如果我们的父母过去是疏离或冷淡的，那么我们可能会在孩子尤其是小婴儿面前感到不自在与紧张。不过，如果我们想要同孩子建立良好的关系，就必须找回这种温柔。

要怎么做呢？培养活在当下的艺术是一个不错的入门方法，也就是活在孩子所沉浸的那个时间维度里。

成人如果能够至少在一段时间里活在当下（把那些要做或刚做完的事、已经发生或者可能发生的事全部置之脑后），就会很快得到孩子们的喜爱，因为对孩子们来说，未来遥不可及，过去又和自己没关系。

老年人常常具备这种能力，这并不是因为他们忘记了过去，而是因为他们的日子已经变得波澜不惊，不再像过去那样匆忙劳碌。所以，活在当下在于时不时从我们已经习惯的快节奏生活中脱离出来，把时间留给孩子。

严爱的含义同样也很好理解，只是做起来要稍微困难一些：我们既要和蔼可亲，也要立场坚定；既要关心疼爱，又要坚持原则。我们要能够树立一些符合孩子年龄、个性特点的明确的规则，并予以执行，在执行规则时，我们要不愠不火，但也不能表现出过于软弱、太容易妥协。规则的存在会让孩子意识到一种稳固性，这会让他们感到安心、可靠与安全。

孩子会很乐意听到，自己的父母能够驾驭各种局面，知道什么对自己好并且应该如何做。孩子们其实很有"自知之明"，他们知道自己对周围世界的认知与控制还十分有限。

严爱是一种温暖的情感——它与严厉、冷酷或者冷漠相反——它是为了孩子们好，为了他们的安全，为了让他们一点点学会如何生活、一点点变得自立与自信。我不让我的儿子在马路上的车流中奔跑，这是因为我爱他；我教育他尊重别人，同样也是因为我爱他。一个好的家长能在各种各样的情况中保持定力，因为他明白，他的态度会帮助孩子更好地克制自己一时的冲动，找到问题的有效解决办法。总之，孩子的生活会因此更加充实与快乐。

当然，对孩子坚定严格与虐待、责备或者羞辱是完全不同的概念。相反，对孩子严格，是为了教会他以最有效的方式做一些事情。与人交往，沟通与被理解，疏导自己的冲动，遇到问题能够找出各种新颖的解决办法，区分什么是好的什么是坏的，明白自己行为的度，哪些是不能逾越的界限。学龄前的孩子们会一遍遍地来试探我们这些大人，瞧一瞧我们在不同情况中的反应。我们的行为、态度、情绪都会被孩子记住、吸收，并且在以后效仿和体验。

# 对孩子的恨

　　亲子关系中几乎总是存在着一些矛盾心理：一个人就算与家人感情再好，也会有不耐烦的时候，会觉得这种关系是一种负担，限制了自己的自由。我们可以很爱一个人，有时候又会因为他说了什么或做了什么而心生不满。这些情绪不仅是真实的，更是正常的。然而，我们要避免被这些情绪牵着走，最后钻进死胡同，除了暴力别无他法。而一旦付诸暴力，则很有可能引起仇恨情绪以及其他破坏性行为。此外，家长对孩子大发雷霆之后常常会感到自责，后悔自己做了反面教材，失去了孩子的信任，很难重建亲子关系。那么，当出现剑拔弩张的局面时，该如何保持自我控制呢？

　　**辨别区分。**第一个技巧是需要记住我们恨的不是孩子，而是孩子的所作所为。我们要把人与行为区别对待。比方说，如果你们3岁的大女儿在打她1岁的弟弟，那么作为家长，不要就认为大女儿坏心眼儿，而是要认识到她的行为是出于嫉妒。大多数"大宝"都会对"二宝"怀有这种情感，在他们眼中，"二宝"生来有罪，占据了太多关注，掠夺了父母对自己的爱。现实中，大女儿需要的不是动粗，而是帮助。

　　**了解原因。**我们对某一行为的理解非常重要。比方说，儿子周围的东西乱七八糟，作为父亲，如果误认为这是在向他挑衅，也许就会暴跳如雷。其实，他本可以果断而又心平气和地管教一下，效果会更好。有些时候，家长与孩子之间的紧张气氛与其说是因为孩子的所作所为，倒不如说是因为孩子与家长心目中希望的样子相去甚远。但这却是家长的期待（或者说是幻想）造成的，不能"甩锅"给孩子。认清事物的原因非常重要。过去，在阅读障碍症还未被发现时，许多孩子虽然也一样去上学，但是成绩却一塌糊涂，家长为此气昏了头，责骂孩子偷懒、撒谎。渐渐地，孩子架不住父母的一再数落，也就相信自己是真的又懒又奸，确实该打该骂。

**心理关系。**有的家长十分憎恶孩子，是因为自己过去某些方面的问题。如果孩子有些愚钝或者非常内向，那么可能会令家长回忆起自己在和孩子一样大时经历过的甚至至今尚未克服的困难。当我们自己的心理问题没有得到解决，并且他人意识不到我们这个拖在身后的包袱时，我们就会很容易发火，尤其是对身边人，或是那些我们希望成为其榜样的人（比如孩子）。同样，孩子可能会让我们想起另一半（甚至可能是前妻、前夫）最不招自己待见的事情。不过也有可能出现相反的情况：孩子在我们曾经怎么都做不好的事情上取得了成功，这会让我们感到喜出望外；再或者孩子具备一些我们所不具备的天资……

**自我反省。**否认自己情绪波动的做法毫无益处：如果我们不能正视这些情绪，就可能会被怒火牵着走，或者变得极度严苛、过分挑剔，甚至可能会对孩子们有明显的区别对待。假设在兄弟姐妹当中，有一个被忽视、被贬低，另一个却常常被拿来做榜样，这就会导致其他孩子对这个"宠儿"产生不满，对家长怀恨在心。这时候家长就需要自我反省一下了。当孩子的行为令我们感到厌恶时，我们可以扪心自问："为什么我会有这种感觉？"（它让我回忆起我的童年？让我想到前夫／前妻？）"我的孩子是什么感觉？"（嫉妒？不开心？软弱？）"怎么做才能更好地处理这种问题，帮助到孩子？"（打他？罚他？还是教给他一些方法？）这些问题的答案并不总是现成的，但是"自问"这件事本身可以让我们花一些时间更好地了解情况并控制自己的冲动。


## 想一想，不着急

随着孩子不断成长，作为家长，我们的希望可能会渐渐落空，而失望却会逐渐积累。如果不想办法正视这一问题，我们就会越陷越深，最后动弹不得。回避情绪可能会导致迷失自我，进而走上"绝路"。对孩子采取暴力往往就是这种"绝路"的尽头。

美国女作家艾德丽安·里奇在她的著作《女人所生》中提到了一件发生在自己身上的事情。那是一次假期，她的丈夫却一直留在城里加班。她本想利用假期时间写点东西，结果却只能独自一人面对三个孩子。日子一天天过去，她的脾气越来越差，行为也越来越粗暴。一天晚上，她实在忍无可忍，于是决定畅想一下：要是可以发泄怒气，自己会对孩子做些什么呢？这一想不要紧，她把自己给吓坏了。她看见，自己一身女巫打扮，一边揪着大儿子的头往墙上撞，一边欣赏着鲜血的流淌。惊讶之余，脑海中的景象却也让她从内心深处平静了下来。之后的那些天，她与孩子们相处融洽，把生活安排得井井有条，甚至有空写作了。

上面的这位母亲采用"可视化"的做法，创造性地解决了自己的痛苦。如果她当初不敢正面审视自己的冲动，那么事情最后很有可能会以一顿暴打收场。我们每个人都有阴暗面，刻意回避这一点会导致暴力行为频发——而且这些行为往往笼罩在一种近乎无意识的阴翳中——一直要等情绪全部宣泄出来之后才会平复。

# 依恋

新生儿需要有人全职照顾才能活下去，不仅仅是喂饭穿衣，还要用陪伴与肢体接触给他带来安全感。独自一人时，新生儿面临着各种各样的危险，需要有人能够挡在他与世界之间：这个人可以保护他，喂养他，监督他，清洁他，温暖他，安抚他。在孩子出生之初的几个月乃至第一年中，孩子的妈妈以及其他家人会自发地做各种事情来满足孩子的需求。这些做法可以分为如下几类：

**满足孩子。**家长对孩子有求必应，比如喂养、陪伴、爱抚、买玩具。

**接纳孩子。**家长主动接触孩子，全身心地接纳他、看护他，陪在他身边。

**无条件肯定孩子。**不管孩子说什么、做什么，家长都予以关注和欣赏，绝不责备，对孩子也没有诸如"要听话"之类的要求。

**疼爱孩子。**大人表现出非常温柔、慈爱、体贴，把孩子搂在身边。

**保护孩子。**家长挡在孩子与世界中间，关注孩子的健康，保护他免于危险。

**代替孩子。**就算家长精神上不太上心，但还是会照料、喂养孩子。当需要同外界接触时，家长会替孩子出面。

**包容行为。**孩子哭闹不止、把自己弄得脏兮兮的、占用了大人的时间等等，家长都能予以包容。

能让新生儿产生安全感的正是陪伴与身体接触。家长把孩子抱在怀里，轻轻地摇着，对他说说话，哼一首歌谣，孩子会知道有人在照顾他、重视他，于是就会对这个人产生依赖。他会微笑，会开心，会开始辨别与模仿，会表达他的兴奋，并且——随着时间的推移——产生依恋。孩子是脆弱的，但是如果有人关心，他就会感到自己是强大的。

这一阶段中，真正重要的事情是孩子能感觉到有人很在意他。他不仅在身体上得到关心与照顾，还会有人惦念他、为了他好。当他之后发现，自己也可以把其他人（孩子依恋的对象）的形象保留在脑海中时，他也就能够接受离别了。

因此，在这种动态的依恋关系中，一名称职的家长应该能为孩子营造出探索、求真的氛围，同时又能使孩子在这个过程中逐渐变得独立。不过，要达到这种成熟，还有一段路要走。孩子在 7 ~ 8 月龄以及 16 ~ 18 月龄时，如果他的依恋对象离开，或者他与陌生人在一起，感觉很生分，那么孩子可能就会陷入焦虑。

这个时期的孩子会开始形成最初的"自我概念"，它是一种自己在这个世界中的形象。通过与父母、兄弟姐妹、其他亲戚乃至保姆的接触，在日常生活的基础上，孩子会形成自己对于"生活"的态度，这种态度实则是孩子内心情感的外在表现。孩子也正是由此开始产生信任、欢乐，或者不信任。这也许与孩子的性格有关，但更多取决于孩子的生活环境。

性格、健康、爱抚、气味、家人的脸庞、习惯性的行为、熟悉的事物、令人愉悦的发现或体验，种种这些交织在一起，构成了孩子最初的安全感。虽然这些初生阶段的经历并不能完全决定以后的生活，可它们的确营造出了一种氛围。而且，一般而言，在其他条件相同的情况下，那些起初家长能够"浪费"时间在他们身上的孩子往往看上去更加恬静，也更听话，因为他们曾拥有无条件的关爱，享受过最纯粹的陪伴，他们的需求受到了重视并得到了满足。

有人把依恋定义为一种人际关系，在这种关系里，人们能够感受到自己之于他人的重要性。相互性是建立依赖关系的基础，孩子会慢慢地、逐渐在这个过程中变得独立。良性的依恋关系会使人感到安宁，对身心产生的积极作用立竿见影，并且影响深远。这些长远的积极作用在前面《情感稳定》一节已经指明。

- 帮助孩子观察周围的世界并采取行动。
- 促进培养孩子的逻辑思维。
- 让孩子更容易合群。
- 促进某种意识的形成。
- 引导孩子应对压力，正视沮丧、痛苦、恐惧等情绪。
- 正确平衡独立与依赖。
- 帮助孩子构建自我身份。
- 促进发展未来几年中健康的情感关系。

孩子对父母产生依恋的同时，父母也会对孩子产生依恋。哺乳期的母亲会"不由自主"地与孩子建立亲密的关系，这不单单是雌激素的作用——它会让母亲"爱上"自己的孩子——宝宝那稚嫩的小脸儿、小胳膊小腿的扭动、对哄逗的回应、对母亲的呼唤，还有可爱的笑容，所有这些，都会在母亲那里化作绵绵的爱意。所以，形成依恋关系的过程中存在着一种相互作用，而这种关系对孩子的成长大有裨益，是孩子安全感的根基。尽管孩子在情感上只会黏着几个人——那些与他们一起生活、能够给予他们幸福感的人——不过，除了父母，孩子与之经常接触的人（兄弟姐妹、祖父母、外祖父母、姑姨叔舅、保姆、老师等）也可能会成为孩子的依恋对象。

时间方面，依恋行为会在孩子出生后的前三个月里开始发展。5～6个月大的婴儿可以和不同的人待在一起，因为这时依赖关系还没有形成，孩子还不太能分得清人与人的区别。然而，到了6～7个月大的时候，孩子就会表现出愿意与自己熟悉的人待在一起，并开始和这些人形成依恋关系。9～10个月大的孩子已经习惯了一些人的保护与照顾，这些人的样貌、沟通方式、动作手势乃至一系列的口头与肢体表达、日常交流的含义都已被孩子熟知，他们会强烈反对与这些人分开。尽管这个年龄段的孩子还不会说话，然而主要依恋对象以及其他家人说的一些话孩子是能听懂只言片语的。比如，招呼他们时，或者给他们洗澡穿衣、带着他们一起玩耍的时候。

对于哺乳期的孩子来说，需求得到满足，信任就会建立。小宝宝知道，他一哭，妈妈就会跑过来；妈妈也知道，自己跑过去，孩子就会安静下来。这种互动中还存在着些许快乐：对于大人，乐趣在于，和一个软软的、香香的小生命待在一起，可以逗逗他，他还会看着你、依赖你；对于孩子，有人抱着自己摇啊摇、举高高，同样的面容反复出现，渐渐变得亲切，还可以摸一摸。知道有人接纳、宠爱和欣赏自己，这些都会产生愉悦。总之，孩子与照顾自己的人相处融洽的话，身心都会感到愉悦，这也会为一种积极的生活态度打下基础。

孩子可以只和父母中的一人，而不是其他人形成依恋关系，但必须至少有一个确定的基础，才能避免陷入失去参照点时产生的不安或是焦虑。孩子的生存与成长很大程度上取决于他们是否能够获得他人的关注，从这种他人的关注以及与他人建立的关系中，也就形成了存在感。

在生命早期出现的依恋关系会在之后一直影响着"依恋对象—孩子"的关系，但在表现形式上会日趋成熟。随着语言能力的发展，孩子的哭闹、对身体接触的迫切需要都会逐渐减少。运动机能的发展使得孩子可以自主地去取物、找人，而不必依靠大人在中间帮忙。当然，这并不是表示，4～6岁大的孩子不想时不时地被抱抱、亲亲、拉手手、和喜欢的人有肢体接触，而只是说明，这时的孩子也可以开始用其他方式与人交流了，并且可以在日常生活中的许多情况下独立行事了。

## 生命初期不同阶段的依恋关系

**1. 准备期：0～2月龄**

特征：无差别的交往回应。

**2. 形成期：2～7月龄**

特征：认识家人。

**3. "黏人"期：7～24月龄**

特征：分离焦虑、怕生、交流开始带有目的性。

**4. 基于"相互性"\*的依恋：24月龄以后**

特征：双向关系，越来越能理解对方的需要。

\* 这里的"相互性"指的是孩子与照料者之间的交流。自己笑的时候，对方也以笑容回应；饿了的时候，对方会急忙赶来；想要被人抱起来，因而在儿童床里哼哼唧唧、挥胳膊蹬腿时，对方会予以回应。从孩子的角度出发，他希望大人越来越多地关心他：洗澡、喂饭、爱抚、穿衣，等等。渐渐地，小宝宝发现，自己的行动起到了作用，于是，在好奇心与信任的驱使下，他就会想去探索陌生的领域。所以说，孩子的安全感不仅来自他在成长过程中逐渐获得的能力——这些能力可以让他不断增强对现实的掌控——他人的回应与互动也功不可没，他们会给孩子以信心，理解他的需求，鼓励他，用喜悦与乐观感染他，教给他与人交往、引起他人兴趣的种种方法。

但是，当依恋关系缺失，或者程度不足时，会发生什么呢？在依恋关系完全缺失的环境中，孩子无法成长，或者成长得极为艰难。他会被抑郁的情绪笼罩，变得木讷，免疫力下降从而容易生病；学东西学得慢，不爱说话，不像从小被爱包围的孩子那样会对外界刺激做出回应；害怕所有的事和人，不相信任何人。

当孩子在生命之初的几个月里失去依恋对象，并且找不到替代者时，或者依恋对象经常变换、孩子无法与任何人建立牢固的联系时，就会出现上述情况。

从孩子出生后的第一年和第二年开始，依恋程度不足的后果就会显现出来。从孩子 1 岁时起，根据孩子与主要依恋对象（一般是母亲，但也不是绝对）分别和相处时的反应，可以将依恋关系分为四大类。

◇大多数情况下，孩子能够平静地接受母亲一点点地远离，在被交给其他认识的人时也不会哭闹。这是安全型依恋。

◇第二种依恋类型的孩子，即便表面上给人感觉是独立的，可还是需要母亲的持续陪伴。这种联系非常紧密，却被表象所掩盖。困难只有在之后孩子要面对真正的独立时才会显现出来，比如开始上学时。这是回避型依恋。

◇第三种依恋类型的孩子,需要母亲时刻在身边(能看见她,听见她的声音),稍有离开,孩子便会注意到。这样的孩子普遍是非常焦虑的。这是矛盾型依恋。

◇属于最后一种依恋类型的孩子比较少,母亲不在时,他们非常焦虑,而母亲在身边时,他们又非常恐惧。这种行为表明,孩子在初生的几个月中缺乏"自怜"。疼爱、关怀、接纳,这些孩子最基本的需求并没有得到满足。这种孩子的母亲感到抑郁或者焦虑,甚至虐待自己的孩子,不管他们。这是混乱型依恋,如果孩子不能与另外一个依恋对象建立联系,那么这会对孩子的性格产生严重的危害。

# 保姆

把孩子交给保姆照顾如今是件司空见惯的事，不过并不是所有的父母都放心这么做。1～2岁的孩子，会不会被生人吓到？孩子要是接受了保姆，那会不会和更多人建立感情？自己的孩子，交到别人手里，这么做合适吗？孩子对保姆的感情会不会影响到母子感情？有一天保姆不干了，孩子会如何反应？一些家长会提出这样的问题。

回答上述几个问题，可以参考两名心理学家史密斯和诺布尔数年前的一项研究，两人对一群年龄约1.5岁的儿童和他们的保姆进行了为期数月的观察。这两名心理学家发现，尽管孩子们更喜欢母亲的陪伴，但他们中的大多数（70%）也能很快适应保姆，并与其建立感情。

不过，不是所有孩子都能轻松接受从母亲到保姆的转变：有的孩子（20%）需要更长的时间来适应这一改变；还有的孩子（10%），只要和保姆在一起就会哭闹。孩子的秉性、和母亲的关系（对这种感情没有把握？过于依赖母亲了？）以及先前与其他陌生人的经历尤其会妨碍这一新关系的形成。

所以，正如两名心理学家每天观察到的，孩子们从小就能对一起共度时光的人产生情感。但无论如何，相处时间的长短总是不如相处质量更重要。的确，孩子与大人之间依恋关系的发展取决于许多微小的因素，一方面是来自大人的共情与感知能力，另一方面则在于孩子的秉性与期望。

做父母的不必有太多担心，如果孩子与保姆的关系稳定而且优质，孩子的利益就不会受损，或者应该说，孩子能有不同的成人作为参照榜样，这件事大有益处（父母不在身边时，孩子不会感到孤独；孩子面对不同的处事方式，会变得更能适应和认识他人）。也没有必要担心孩子会因为新"妈妈"的出现而感到困扰，或者对父母的感情不如以前亲。孩子很早便会懂得社会关系的复杂，能够很好地区分身边人的不同角色。

不过，却有一个心碎时刻：孩子长大，或者由于其他原因而要与保姆离别。如果说，成人可以更多地从工作关系角度来看待保姆，但是孩子，尤其是很小的孩子，他们却对保姆有着不同的感觉。保姆的"消失"可能会成为一段痛苦的经历，有时甚至是孩子体会到的第一次"失去"。对这一事情的经历方式会影响他们之后的离别经历，所以最好是让这件事循序渐进地发生。理想的状态是让孩子与保姆能够以串门或者打电话的方式保持联系。此外，不要忘了，保姆也是会与孩子产生感情的。不过，如果由于某些原因无法做到这种渐进式的分离，家长们则应当对孩子表现出理解，帮助孩子表露并承认他的这些情感。比如，可以给孩子讲一个童话故事，说有一个小仙女和一个小朋友玩耍了几次之后要回到她的魔法世界，不过却给这个小朋友留了任务，让他长大并且变得坚强……总之，不要轻视孩子的情感，压制这种情感，假装什么事都没发生、会马上忘掉，这样的想法可能是错误的。

# 咬指甲的孩子

一些调查表明，约 1/3 的幼儿和儿童有咬指甲的行为，或是以前曾经咬过。对有些孩子来说，这只是暂时性的、会自行消失的行为，然而在另一些孩子那儿则变成了一个习惯，随着时间的推移变得愈发根深蒂固。有这种习惯的孩子一般对于指责和"不许做××"的话比较敏感，因此，许多孩子很早在孤独一人的时候就学会了咬指甲，这也使得他们难以戒掉这一行为。

可是孩子又因为什么而咬指甲呢？很多孩子这么做是为了抑制一些情况下产生的紧张或焦虑情绪，如竞争、学业困境、羞怯、神经质、怠惰、厌倦和恐惧。在有些案例中，这种行为是吸吮手指的后续，也就是孩子在几个月大时养成的习惯。不过，有的孩子这么做是模仿，有的则是想要降低指甲劈裂的不适或者为了让指甲变得整齐——只是他们不用指甲刀剪，而是用牙咬。不论出于何种原因，这个习惯是会一直持续下去的。那么，怎样才能预防这种行为？怎样才能帮助孩子戒掉这种行为呢？

关于预防，首先要正确地修剪孩子的指甲（去掉死皮、把指甲边缘修剪整齐），保持它们的整洁，并为此表扬孩子。还应当注意让孩子活动起来，当孩子们动起来、双手有事可做时，也就少有机会把手拿到嘴边。

至于矫正，也有许多不同方式，要结合孩子的年龄、性别与个性。

◇第一条总原则是，呵斥或者打手都没用。一来，孩子出于应激并且为了安慰自己，可能会变得比之前更爱咬指甲；再者，这一行为是机械的，而且带有强迫性，孩子并不总是能察觉到（不过，有时候，孩子同伴们的批评以及他们在看到咬得烂兮兮血淋淋的指肚时表现出来的厌恶却能起到劝诫的作用）。相反，可以心平气和地与孩子谈谈这一习惯的坏处（指甲破损，疤痕，他人的厌恶），说服孩子最好改掉它，并且与孩子商量好，让他采取以下的一条或几条方法。

◇对于小女孩，可以送给她一瓶指甲油（无色的）和一个小修甲套装，让她为自己的指甲整洁感到骄傲。

◇父母可以陪孩子一起护甲，鼓励孩子保持指甲整洁，表扬孩子在护理指甲中的各种进步。

◇如果孩子有几天没有咬指甲，家长要注意到并且给予表扬。

◇如果家长觉得孩子可能是因为担心某事而糟蹋自己的指甲，那么就要好好想想是不是家里、学校或者其他什么地方让孩子觉得十分紧张，是不是有些事让孩子觉得无法掌控，或者家长给孩子提出了太过超出他能力的要求。

◇如果家长发现是某个电视节目让孩子感到焦虑或者害怕，那就要予以避免。同样，长时间坐在电视机前看电视也会助长这种行为。

◇还有一招，就是白天把孩子的几个手指绑在一起，或者在指甲上抹一些苦味的东西。不过，这么做需征得孩子的同意，愿意"为了他好"而听话配合。如果孩子是被迫的，这就会带来隔阂、冲突与反抗。

◇一种很有创意的方法是使用镜子，有时候对稍大一些的孩子管用。咬指甲的行为经常是不由自主、下意识的，孩子可以通过一个"游戏"认识到这一点，这个"游戏"一天可以进行 1～2 次，每次 5 分钟。坐在镜子前，慢慢地把手抬到嘴边，同时大声说出比如"我决不能这么做！"的话。

◇手里做着别的事的时候，就不太容易去咬指甲，所以，可以教给孩子：一想把手拿到嘴边的时候就去做别的事。比如，双臂贴在身体两侧，同时握紧拳头，直到感到胳膊发僵；慢慢地从 0 数到 30，然后再从 30 倒数回 0。再比如，用手指敲击一个坚硬的平面；手里拿串念珠，一个一个拨；做一些针线活；演奏一样乐器。找一件孩子喜欢做的事情并不难。

◇孩子感到紧张的话，可以教会其放松，通过一些适当的运动，或者听一些舒缓的音乐让肌肉得到放松。家长还可以陪孩子一起，慢慢地重复诸如放松、平静这样的词。放松练习可以每天以游戏的形式进行。

如果这些方法都不能奏效，孩子仍然被担心、焦虑所笼罩，家长可以去寻求心理学家的帮助。

# 多动的孩子

一些统计表明，约 2% 的儿童多动，且存在注意力缺陷。多动是一种心理 – 生理状态，伴有情绪不稳、强烈躁动、难以集中注意力、易怒等现象。有些人主张必须用药物治疗这种"病症"，特别是使用利他林（Ritalin），它是一种兴奋剂，却能产生反作用而使孩子平静下来。还有人则倾向从教育学出发采取一些干预手段，因为他们认为从小给孩子使用药物可能会导致依赖与滥用等危害。

神经科学在过去已经明确指出，患有注意缺陷与多动障碍症（ADHD）的儿童，大脑负责控制注意力的区域发生了病变，尤其是右脑的脑前额叶区域。最近，医学杂志《柳叶刀》刊载了加利福尼亚大学一组研究人员的研究成果，在对 27 名幼儿和少儿进行核磁共振检查后，研究人员发现多动症儿童的左脑也受到了影响，特别是负责控制冲动的脑前额叶与颞叶区。在多动症儿童的大脑中，这些关乎自控力的区域发育不全，而大脑后叶中的另一些区域面积却比常人大。

这些认识在实践层面会带来什么呢？加利福尼亚大学的这项研究从生理学角度为人们对多动症的认识做了补充，不过它却并没有告诉我们这种病变是否会随着孩子的发育而逐渐恢复正常。的确，我们都知道，人类的大脑发育会一直持续到 20 ～ 22 岁。因此，这些差异也许能够和大脑尚未发育成熟联系起来，会随着年月逐渐消失。大脑发育的节奏快慢因人而异，有些区域可能会先于其他区域发育。这项研究里的儿童都是一些极端个例，他们表现出了极度的多动和自控力匮乏症状。然而，很多时候，非常活泼的孩子会被误认为是多动症，但这其实是由于儿童个性差异造成的生理状态，绝非是脑部异常。要是把活泼的孩子看成多动症，那可就大错特错了！

可问题是，城市生活里，活泼好动会造成一些问题，这些问题放在以前根本算不了什么。的确，以前的孩子可以尽情在户外玩耍，不至于要么在课桌前、要么在家里的电视机前久坐不动。此外，有的孩子不太能够忍受约束，无法较长时间地保持静息，注意力的集中时间也很短暂。这样的孩子，要让他们去活动。还应利用好他们短暂的注意力集中的时刻，并研究出为他们量身定做的有助于集中注意力的活动。事实上，这些孩子没有智力缺陷，只是如果不用合适的方式去引导，他们也许会对学习产生厌恶。

# 欺凌行为

　　1982年，三名挪威儿童由于受到同龄人的暴力攻击而相继自杀。在这一悲惨事件之后，心理学家丹·奥维斯走访各国，进行了一系列"案发地"调查研究，意大利也在其中。每一项研究都更加清楚地描绘出欺凌现象，即有些孩子对同龄人的施暴与攻击行为——男生中的肢体欺凌与女生中的言语欺凌。

　　如今，我们对欺凌行为的后果以及认识已经相当完备。所以，我们知道：欺凌行为会在孩子7～8岁时出现；欺凌者与被欺凌者可以分为不同类型；家长能够做一些事情来防止欺凌行为；针对校园欺凌存在一些应对策略；欺凌行为会给被欺凌者造成各种心理与社交问题，对施暴者亦然；经常欺负别人的孩子，渐渐地会被同龄人所孤立，吞下自己种的苦果。

　　欺凌者可分为三种。攻击型欺凌者最为普遍：他们身强体壮，易冲动，很自信，对暴力予以积极评价，统治欲强，不易察觉他人情绪。这样的人一开始会让人害怕和崇拜。最典型的就是那种三人组成的小团体，一个人是老大，另外两个是副手。焦虑型欺凌者则不那么自信，问题也更多，可能会强迫朋友和他一起攻击比他强壮的孩子。被动型欺凌者往往与他人合伙，充当配角，有时并不直接参与施暴；这样的孩子并没有很强的攻击性，对他人的情绪也比较敏感，参与施暴后会感到愧疚，在团伙里是容易"坦白交代"的。

欺凌行为受害者有两种。被动型受害者往往是那些内向的孩子，他们爱哭，没朋友，不自信并且焦虑。体格上，他们不如欺凌者；如果是小女孩，不善于抵挡一些难听的诽谤中伤。这些孩子有的缺乏关爱，有的则被过分保护，从而导致要么没有存在感，要么就是挨欺负时不会以牙还牙。挑衅型受害者是那些焦虑的孩子，容易惹是生非。他们的体格弱于欺凌者，容易冲动，是先动手的一方，对方还手时却又招架不住，便会轻易地被比他们更强、更果断的孩子攻击。

　　为了避免自己的孩子变成欺凌者或者其他孩子欺凌攻击的对象，家长们可以做些什么呢？

　　关于欺凌者，那些"活跃"的欺凌者身上有一个共同点，就是他们不会控制自己的冲动，不能很好地朝建设性方向疏导这些冲动。不同的孩子，其性格、攻击性和冲动行为存在很大差异。但是，仍然可以在孩子2～3岁时——也就是开始出现暴力与逆反行为的年龄——开始教育他们以非暴力的方式控制自己的冲动。这个年龄段出现攻击行为是正常的，但是大人们应当予以制止，并且要慢慢地、耐心地教会孩子控制。听之任之或者过分严厉的管教都会适得其反。有时，孩子们的暴力行为或者言语攻击就是在家里跟父母学的。还有的时候，孩子从小就觉得可以想怎么样就怎么样，丝毫没有自我控制。

　　至于被欺凌的孩子，本来就不太自信，被同学欺负之后可能会变得愈发怯懦。这样的孩子，有的是缺乏关爱或者遭受过虐待，这使他们变得焦虑和顽劣。还有的则是被过分地保护起来，这样的孩子胆小、内向，无法学会保护自己、和别人交朋友、开玩笑，得不到他人的认可，不敢表明心思，面对辱骂不会回击，在紧张的状况下无法保持镇定。对孩子来说，家庭教育应当是培养安全感而非过分保护，即：随着孩子的成长，帮助他们培养自控力；鼓励孩子面对困难；教导他们独自应对各种情形；教会他们非暴力的防卫方法。

遏止欺凌，应当怎么做呢？有一系列方法与"习题"供老师、辅导员和家长采用：班级讨论、话剧表演、角色扮演（欺凌者与被欺凌者身份互换）、故事或短片评论、小组思考以及新的社会技能学习。还有一种做法也很管用：在充分估计情况后，把欺凌者与被欺凌者分到同一任务小组，这样，为了取得好成绩，这两个人不得不进行合作。对于欺凌者，还可以教给他们用其他方式获得满足感（比如创新活动、技术操作、体育运动）。对于被欺凌者，要培养他们的自信心，让他们敢于表达自己的想法、维护自己的权益，寻求周围人的支持，不再任人欺负，甚至去反思自己是不是也有挑衅的态度。

家长的行为，家庭中日常谈话内容，所做的评价，待人接物的互动习惯，种种这些，都是非常重要的因素。我们应当扪心自问，自己的言行举止乃至管教（要么太松，要么太严）是否在助长孩子的欺凌行为，或者让孩子变得更加不自信、恐惧并觉得自己就应该受欺负。


## 学会区分

如果说，一方面，大人应当帮助孩子分析欺凌与施暴行为，让孩子能够辨别这些行为并学会保护自己，那么另一方面，也不能看谁都是恶人，营造出一种怀疑的气氛，过分干预孩子的生活。孩子应当从自己的经历中学习，并且能够自己把"欺负人"和"闹着玩"区分开来。

同样，大人们要想不帮倒忙，也应当把普通的打闹与真正的欺凌区分开来，打闹的态度是温和的，有时是为了开玩笑、建立联系，或者为了表达不满、嫉妒、分歧、失望等情感，但并不想伤害对方。

| 打闹 | 欺凌 |
|---|---|
| ·纯真、自然的，经常带有玩笑性质 | ·设计好的，故意的，想伤害别人 |
| ·持续时间短 | ·反复而持久 |
| ·"势均力敌" | ·"恃强凌弱" |
| ·会造成不适，但可以忍受 | ·希望造成伤害、破坏 |
| ·一对一 | ·经常是多人欺负一个 |
| ·具有相互性 | ·被欺负的对象是固定的 |

| 结果 | |
|---|---|
| ·片刻的不适，闹着闹着就一笑了之了 | ·反复被欺凌会带来长久的痛苦，很难做回朋友 |
| ·双方很快会和好 | ·变得孤立，脱离群体 |
| ·双方仍留在一个集体中，所处集体很快会恢复和睦 | ·集体中会出现紧张、怀疑的气氛；友谊淡薄，相处也不再自然 |

# 任性 使坏 恶作剧

　　和许多其他行为一样，孩子的任性行为大多也是正常发育的现象。每个孩子都会偶尔耍性子，不时作点"恶"，顶嘴起争执，有时很固执。

　　**要求独立。**耍性子和"作恶"行为在 2 ~ 3 岁和刚进入青春期时的孩子身上十分常见，因为在这些发展时期，出于各种原因，孩子感觉到对独立的需求并渴望实现它。"就不！""我不愿意！""为什么我得做？"这样的话，每个做父母的都听过。对 2 ~ 3 岁的小孩子来说，这是在故意检验大人立的规矩和他们的耐心。类似的试探在青春期初期也会发生。因此，对于这两个年龄段孩子令人不快的行为，家长没必要太过担心，因为它们是成长的必经阶段。不过，可以为这些行为明确界线，树立规矩。

　　孩子在 5 ~ 11 岁时出现一定程度的挑衅行为也是正常的。很多父母会抱怨孩子变得很倔、不听话甚至无法无天，不过，这些行为大多数都能控制在可以接受的范围内。

　　**教会孩子区分。**人与人之间的脾气秉性存在差异，所以也就有那些脾气特别犟的孩子，这是很自然的事情。而且，这些孩子的父母具有类似性格的情况也不少见，所以，在有些家庭里，"强强对话"的场面更加频繁。还有的父母过于纵容孩子，没有教会他们区分哪些事可以做，哪些事不能做。实际上，父母应当做到对孩子既不过分强势，也不太过纵容。

**恰当的方法**。指的是要找到一种恰当的方法，让孩子既试验了自己的能力，同时又能明白什么时候可以"越界"，什么时候又不能"出格"。作为家长，反应过激或者纵容姑息往往会让情况变得更糟。所以，当采用某种方法解决亲子矛盾但不奏效时，与其继续坚持，还不如转而做些别的，甚至反其道而行之。一旦找到了正确的平衡，一般来说，情况就会好转。

## 两个极端

家长对孩子过分管教、过分纵容都不可取，就像下面可可和莎莎的例子：

7岁的可可是个不折不扣的"害人精"。他动手打妹妹，在地毯上撒尿，总是顶嘴，朝父母吐口水，让做什么都不做。可可的父母是在严格的家教中长大的，所以两人决定让自己的孩子在完全自由的氛围中成长。很遗憾，他们对可可的纵容并没有达到预期的效果。直到两人开始采取立规矩这样更加坚决的方法时，情况才开始出现好转。

6岁的莎莎，拒绝做父母让她做的任何事。她什么事情都不配合，就连洗脸穿衣这样的事也是如此。莎莎是在一种被过分管教的环境下长大的：她的父母都是说一不二的人，从来都没有让她释放过天性，哪怕偶尔做一些合乎年龄的恶作剧。此外，当她累了或者难过时，父母也并不在意。当父母开始学着不那么严苛后，莎莎也开始放松下来，对父母的要求能更多地回应，脾气也变得更温和了。

# 同龄人

大人要陪着孩子，我们常听人这样说。可是不要忘了，孩子也应该和孩子待在一起。孩子与成人间的友谊无法取代孩子之间的互动。

即使大人们能够"放下身段"、陪伴孩子，可由于他们订立的规矩、负有的责任和具备的能力，他们仍然代表着威严，是"专家"，是"大人"。此外，由于看问题的视角以及世界观的差异，大人们并不总能理解孩子或者被孩子理解，因此，孩子们就会觉得大人和他们是不一样的。

成人是被观察和效仿的对象：他们代表着受成人世界规则制约的社会现实。与同龄人在一起时，孩子们建立的则是平等的关系。大家的思考方式类似，遇到的事情与问题也差不多。而且，他们可以自由自在地就共同关心的问题表达分歧，相互讨论和商量，用不着大人说了算。

心理学家詹姆斯·扬尼斯在分析了让·皮亚杰关于认知发展以及哈里·沙利文关于社会行为的研究成果之后得出结论，儿童采用两种截然不同的社交方式。儿童与成人关系的特征是殷勤式互动。意即在交往中，孩子们实则是在回应大人的期望或指令，而且他们的行为更可能是听从而非做主，更可能会表现出被动和顺从的态度。

儿童与儿童的关系特征，在扬尼斯看来，则是一种对称式互动，在这种关系中大家都可以自由地表达想法、做事。彼此意见不一时，孩子们不得不互相让步、配合，因为没有谁能完全说了算。这两种社交方式都十分重要。大人引导着孩子去理解成人社会中的限度、期许与权益，同龄人之间的交往则激发孩子的创新思维，提高其社交敏感性并培养形成个人主见。

和同龄人在一起时，孩子允许自己"从失败中学习"，因为他们不会感到被指责，而且，与他们和大人在一起时相比，孩子们更有可能去试验不同的交往行为。他们发现，小伙伴们更能接受失败；被别人拒绝后，他们还会努力去结交新朋友。他们能够应对考验，并且掌握新的能力。曾在儿童友谊方面做出过著名研究的齐克·鲁宾认为，同龄人的集体活动有助于儿童培养社交能力、增强集体归属感并且提高自我认同。

社交能力指的是孩子们使用的各种能够有效发起并引导彼此互动的方法。比如，孩子们在他们的小集体里，学习如何建立、维系友谊，或者使其破裂；会学习如何在吵架之后重归于好，如何与别人进行"谈判"以及化解冲突。只有同龄人之间可以互相教授这些能力，这是因为大家觉得彼此都一样。孩子们通过独自面对伙伴而不是靠大人帮忙来学会避免孤独与被拒绝。虽然他们很少相互指导，但还是通过观察他人的行为来学习。比如，一个孩子看到自己的同学和狗在一起玩儿，也就会克服对狗的恐惧。

孩子们彼此间会互相吸引，寻求对方的认可与接纳，如愿之后，他们会感到心满意足，有一种归属感。这些感觉是快乐与自信的源泉，它们只能通过"大家都一样"的同龄人得到满足。成年人给予一些建议固然正确，但由于在生理和心理上都和孩子相去甚远，所以无法满足孩子的这种需求。

同龄人群体的另一个重要作用就是孩子能够通过对比和群体认同认识自我。整个幼儿时期，孩子都在把自己与同龄人对比，他们互相比较，催着让朋友和同学评论自己，以检验自己的看法或感觉。通过这种方式，他们逐渐加深了对自己这个人、对自己能力与个性的认识，在这个过程中，他们会受到鼓舞，会去挑战之前不愿面对的任务，学习新本领，开拓自我。

# 家庭作业

下午的仪式之一是家庭作业。不过,并不是所有家长都认为作业真的有必要,有些家长,当孩子忘记做作业或者因为更想打游戏和看电视而不做作业时,会替孩子找借口。而实际上,做作业意味着许多事情,其中最重要的也许就是让孩子学会规划安排,这是孩子从小学开始就要学习的事。

**实践与练习**。在学习这件事上,有些内容是一学就会而且忘不掉的,其他大多都要通过练习来巩固。某个概念,在课堂上理解了,然后围绕它设定一个主题开始练习,经过几小时或者几天的家庭作业或者辅导班学习后,有了新的领悟,并不断予以深化、强化和内化。在没有课堂作业和老师监督的环境里,孩子就会允许自己犯错误,并且按着自己的节奏去寻找问题的答案。

**自律**。从小学开始,年复一年的家庭作业实际上是培养孩子自律的好时机:学会安排时间,遵守规矩。如果说,一方面,教师不应给孩子布置过多的家庭作业,否则会适得其反,引发孩子的焦虑情绪;那么另一方面,父母也不能替孩子做作业,因为那样一来,向孩子传递出的潜在信息就是自己做不成事,也可以靠别人帮他们考虑、规划和安排。学着自己做作业,或者和一个伙伴一起做,则能让孩子变得独立并且成长。

**学会学习**。如果说,家长替孩子做作业是好心办坏事,那么教给孩子自我管理、探索以及明白推理的过程或者理解某个概念则是恰当的做法。对再小一点的孩子，家长可以帮助他们面对这个新任务，并做好下午的安排。这不仅在于让孩子管理好自己的时间，还关系到他们要学会应对某一问题的逻辑。比如，一个小男孩可能并不会意识到，写作文之前要先想清楚自己要写什么，然后列一个提纲。同样，一道数学题，不在于给出答案，而更在于帮助孩子学会从另一个角度看问题。帮助寻找信息是另一种形式的帮助。所有这些都是能够帮助孩子学会学习的总体战略。

**集中注意力。** 解决一个问题，画完一幅画，从头到尾读完一段文字，做一次复述，或者背诵一组单词，这些都需要集中精神，也就是尽量不分散注意力，不被外界的任何刺激所分心。在现在这个生活被分割成碎片、时间快得像广告里演的那样的世界里，集中注意力倒是一个较好的练习。孩子应当逐渐学会明确一个目标，学会完成一件事情，抵制半途而废的想法。这并不是说他们不能中途休息一下，以便恢复精力从而有助于重新集中注意力，而是孩子要学会做事有始有终。换句话说，就是学会对自己负责。

## 一些建议

在家庭作业这件事上，要让孩子养成对自己负责的习惯，家长能做些什么呢？其实，家长的任务在于创造一个有利环境，教会孩子自我管理，并且用热情感染孩子。

**养成习惯。** 大体上，最好定一个每天的时间段来做作业（16:00～20:30），孩子玩耍或者结束其他运动之后，要安静地坐在桌前集中精力去做第二天要交的作业。作业最好在晚饭前做完；吃完饭再做作业的话，孩子会因需要消化而昏昏欲睡，或者会担心来不及把作业做完。

**在哪儿做作业。**要远离电视、游戏机或其他容易干扰注意力的事物。可以在孩子的房间里，客厅或餐桌前当然也可以，只要那里安静。也可以和兄弟姐妹或者朋友们坐在一起，这样孩子们彼此可以交流想法，前提是大家互不妨碍。

**关心与兴趣。**大人不能替孩子做作业，应当在孩子向他们求助时给予指点和建议。有的问题如果家长自己也答不上来，可以指导孩子到哪里查找答案、找谁问以及第二天应当怎么问老师。最好要肯定孩子所做的事情："虽然我不懂这个问题，但我觉得很有意思……"

**避免批评与羞辱。**如果家长希望孩子能好好地做作业，不把它当成一件苦差事，那就要相信孩子，对孩子做事、理解和自我改正的能力抱乐观态度。家长还要提醒自己，大人的时间和孩子的时间是不一样的，所以要给予孩子必要的时间去学习。着急催促、一刻不停地指出错误、奚落或者贬低孩子只会适得其反。在孩子心中，作业会逐渐变成一场噩梦，一件需要逃避的事情。

**与老师联系。**家长如果觉得作业太多或者太难，最好找老师面谈，而不能对孩子说否定老师的方法或形象的坏话。否则，孩子会觉得自己有权利"忘记"作业这件事，越来越不爱做作业。

# 交流

　　与人有效地沟通而不引起误会甚至自欺欺人，这是一种能力，需要慢慢培养。孩子们面对的是各种各样无穷无尽的信息，它们有的互相矛盾，有的则带有欺骗性。但是，来自父母的信息却能胜过其他内容，这得益于孩子对父母的依恋。父母传递的信息内容会改变孩子从别处得来的信息，主导着孩子成熟人格的构建。我们来看看这是如何做到的。

　　**交谈带来的愉悦。**在这个瞬息万变的世界里，家长与孩子往往没有时间交谈。家长多限于对孩子提出各种问题，营造出一种审讯的氛围。要促成对话，家长与孩子要在一起谈论不同的话题，而不能总是家长一味地说教。交谈的目的是为了在一起时感到快乐。做家长的，希望别人以何种方式与自己说话，就同样要以这种方式与孩子说话，这样才能促进自己与孩子交流对各种事情的看法。如果家长在和孩子聊天时总是一种评判式的态度，任何对话到头来都会被扼杀。

　　**主动倾听。**家长对孩子说的话揪住字面问题，贬低其内容，经常打断，或者不予回应，这些都有损亲子沟通的价值与积极性。要主动倾听，欣赏孩子为沟通所做的努力，因为大多数情况下，孩子表达的都是真实的想法（就连他们撒谎的时候也是如此）。主动倾听的家长知道，那些没说出来的话比说出来的话更重要。举个例子，飞机上，奇奇问："我要是不

70

舒服怎么办？"对这样一个问题，一个快速武断的回答是："没事，座位上有一个纸袋……"可是，孩子的爸爸却知道，在这一担心背后，还有别的事。"你害怕什么呢？"他会这样问。奇奇就会开始讲述他在电视上看到的一则空难新闻……

**回应。**我们在讲话时希望得到反馈、确认和回应。这并不意味着我们的交谈对象总要认为我们说得对，而仅仅是指我们要知道自己说出去的话被接收了。回应（哪怕仅仅是一个简单的示意）能让讲话者继续下去。如果我们希望孩子能够畅所欲言，那就要采取一种鼓励的态度，即便对不喜欢的事也要能够倾听。对孩子的情绪教育和情商培养就是这样进行的。

**清楚，简短，重复。**有些家长话太多。交流是随着时间推移而逐渐展开的过程：没人能一次把所有话说完。面对过多的信息，孩子是无法消化吸收的。孩子越小，越应该传递给他简短、直接的信息。如果我们说话太多，孩子就无法集中注意力。孩子接收信息的能力尚处在发育当中；所以，有些信息可能立刻会被理解，有些则需要重复很多次才能被记住。有些问题，之前明明已经讲得很清楚，可是过了几个月又会被孩子重新问起，对此，我们不应感到惊讶。

要建立一种有利于沟通的氛围，家长首先应当成为良好的倾听者。这里说的"良好"不仅在于倾听，还要鼓励对方继续说下去。倾听分为两种。一种可以称之为被动倾听，采用这种方式的家长只"听"不"想"，也不做解读、判断或者引导对话。只是听，仅此而已。接下来我们来看一个被动倾听的例子。其中，家长做出的一些回应只是表示自己在认真听而已。请看：

小迪：我和飞飞吵架了……

家长：是吗？

小迪：嗯，他总想让别人都听他的。我想的事他从来不做。真烦人。

家长：嗯。

小迪：他要再这样，我就和他绝交。

家长：是啊。你看着办吧。

（半小时后）小迪：我和飞飞聊了聊，他给我打电话了。

家长：然后呢？

小迪：我觉得他想和好……他问我想不想跟他还有大伙一起出去。

家长：为什么不呢？

注意，上面这一幕中，家长完全没有告诉小迪要做什么或不要做什么。他只是在听，而让孩子自己寻找解决办法。小迪只是在向家长传递自己的想法。我们每个人时不时都需要这种支持。它能够让我们平静下来，去思考，去厘清思路……我们并不总是需要他人的建议，而是需要一个思考的空间。被动倾听恰恰就能创造这种空间。

另一种是主动倾听。正如名称描述的那样，倾听者在交谈中表现得更为活跃。他不仅在听讲话内容和讲话者的情感，还会把这些内容转换成别的话再说给讲话者听。倾听者说的是自己的话，但其内容却和讲话者说的并无二致。接下来就是一个主动倾听的例子：

小迪：我和飞飞吵架了……

家长：出什么问题了吗？

小迪：是的，他总想让别人都听他的。我想的事他从来不做。真烦人。

家长：原来是意见不合啊……

小迪：他要是再这样我就和他绝交。

家长：我知道你在生他的气，不过也许会有办法解决的……

（半小时后）小迪：我和飞飞聊了聊，他给我打电话了。

家长：然后呢，你俩说什么了？

小迪：我觉得他想和好……他问我想不想跟他还有大伙一起出去。

家长：看来问题正在解决，我很高兴。

在这一幕中，倾听者把孩子的情绪转化成了语言，从而鼓励孩子继续互动下去。由于家长并没有评价孰是孰非，所以，孩子一方面觉得自己获准继续表达自己的想法，另一方面，他也能从倾听者那里获得一股力量，帮助他克制焦虑、减轻恐惧。以上两种倾听方式，都能鼓励讲话者直面问题并独立解决它。这种具有支撑性而非指令性的交流能够提高孩子的自我效能感，对自尊心起到积极影响。

# 专心

　　无法专心是孩子学业问题的主要原因。家长和老师都为此感到头疼。人们责备这一现象的理由也五花八门：学业太紧张，睡得太晚，看太多电视，打电子游戏，教学管理松散，父母忙于工作无暇顾及孩子……不管出于何种原因，很多孩子无法专心学习是不争的事实，反复提醒他们"专心点！"只能是徒劳。

　　一般情况下，注意力不集中的孩子在上小学时就能被大人所察觉，因为家长都希望自己的孩子成绩好。不过，专心这项能力却在孩子出生后的几年中就已出现，在孩子上幼儿园后开始得到培养。

　　可是，为什么要注重"专心"这件事呢？有什么用呢？其实，这项能力有着双重功能。

　　◇　有助于"固定"信息。孩子越在某一事情（可以是一件事，一次经历）上集中精神，这个事情留给他的印象就越深刻。

　　◇　有助于接收信息。如果把记忆一件事情比作一段路，孩子在这段路上行走时就要留心一些相关指示。例如："他们问我'我们将要旅行'的动词时态。为了弄清楚逻辑，我就要问，是昨天、今天还是明天啊？'是明天'，明天就是将来时！"为了记住一个信息，往往需要去寻找这些指示。

注意！专心与注意之间是有区别的。注意表现出的是一种接收状态，能够察觉并获取信息。而专心是有选择性的，会将注意力带向某些特定的信息。孩子要想做到专注，必须把注意力集中在现实中的某一个方面，而不去注意那些可能让他分心的其他方面。专心与注意这两种能力都作用于理解和记忆机制中，但是时候却不一样。要记住，专心的程度每天都处在起伏波动之中。大多数孩子的专注力在早上最低，之后逐渐提升，在上午 11:00 ~ 12:00 时达到峰值。下午专注力最高的时段则集中在 17:00 ~ 18:00。意大利儿童如此，法国、德国、西班牙、英国等国家的儿童亦如此。

3 ~ 6 岁的孩子，如果能较好地自我表达，大人讲故事的时候能认真听，对大人说的话也能上心，那么很有可能他的专注力也比较好。继续培养这种能力也很容易。反过来，如果孩子语言表达能力不佳，听故事、画画或者做游戏比较困难，可能就需要一些辅助练习。以下是一些可以在家进行的练习。

**游戏与话语。**大人陪着孩子一起做游戏（搭积木、玩木偶、拼图、画画等），一边玩一边和孩子说话，可以说出物品的名字、描述场景、明确游戏目标。这样做有助于扩充孩子的词汇，促进孩子思考。游戏结束后，要把玩具收拾整齐——这个过程也是训练专注的好时机，前提是家长要和孩子一起做。如果家长只是让孩子自己去收拾，孩子迟早会停下来不做的。反过来，家长和孩子一起收拾，大人可以把整个活动分成几个小环节——比如，所有的动物玩具放到一个盒子里，积木放到另一个盒子里……孩子感觉受到鼓励，专注在一件事上，直到把它做完。

**童话和故事。**对于学龄前儿童，通过听故事，他们可以开发自己的听觉记忆，接触新的词汇，记忆故事的结构。这些都在为以后真正意义上的阅读做铺垫，到那时，孩子不仅要看懂字词，还要能理解故事的含义。反复讲同一个故事是有效的。这个年龄段的孩子，图像能使他们集中精神，所以要选择那些插图丰富且有趣的读物。家长讲故事的时候要跟随孩子的节奏，既不能太快也不能太慢。还要找一处安静的、不会让孩子分心的地方。

**电影和漫画。**可以做这样一个游戏：家长和孩子一起看过几幅漫画之后，可以问孩子一些问题，如：唐老鸭的衣服上有几个扣子？米妮有没有戴手镯？唐老鸭的叔叔有没有穿裤子？还可以陪孩子观看符合他们年龄的、慢节奏的电影（《匹诺曹历险记》《狮子王》等）。孩子看不懂的地方，家长要进行讲解，要强调细节，把故事中的不同片段连接起来。这种亲子共同观看的做法与把孩子单独留在屏幕前的习惯做法不同，对于训练专注力是很好的练习。一些电脑游戏也能提高专注力。

# 分享

"这是我的！"我们常常听到2～5岁的孩子蛮横而坚决地说出这句话。在劝孩子把玩具与另一个小伙伴分享时，我们也屡屡碰壁。

事实上，我们这么做真是操之过急了。的确，虽然有些孩子确实显得更加慷慨大方，但是，小孩子的分享行为并不是自愿的。我们不能要求一个3岁的孩子去骑不带辅助轮的自行车，同样道理，我们也不能强迫孩子分享，或者觉得这件事理所应当。分享是一种态度，是孩子在几年中经过一系列不同阶段的发育后形成的。不过，有这种想法也能理解，因为我们往往高估了孩子的分享能力。孩子10个月大的时候就能抓着一个玩具，把它"送给"妈妈或者其他人。不过，孩子这么做还不是想要分享物品，他想分享的是注意力，就像在说"你看这个多好看呀"以吸引别人的注意力，或者把身边的人留住。

2岁左右的孩子活泼好动，咿呀学语，也越来越能把自己与其他人、其他物品区分开来。他开始明白，物品不是人的一部分，但却属于人。当孩子说"这是我的"时，与其说是在表达一种肯定，倒不如说是在提问："这是我的，不是吗？"对2～4岁的孩子来说，越是确定一些"财产"属于自己，他们就越愿意拿出来分享。

孩子的安全感还依赖于他们对大人的信任。那么，我们能做些什么来让孩子相信我们，并能鼓励他们把自己的物品和玩具与其他小伙伴们分享呢？我们要教给他们轮流的概念。怎么教呢？比如某一天，小明不能玩一个玩具，因为它已经被"占"了，我们可以在小明面前把他的名字写在一张纸上，告诉他这么做是为了提醒我们第二天早上把玩具给他玩。在发现我们能够说到做到时，小明就会相信我们，会更放心而且更愿意和其他孩子在一起玩，分享自己的玩具。不过一般来说，空间分享要先于物品分享。

当一个 2 岁的孩子大喊"这是我的"时，我们只需要回答"是啊，是你的"。等他长到 3 岁或 3.5 岁时，会开始分享时间与空间。比如，以前只有他自己才可以待在里面玩的儿童沙坑，不过还不能分享物品。3.5 岁，许多孩子开始理解"轮流"的意思，首先是自己，而后是别人。当然，家长和老师可以采取适当的做法让这一概念更容易被孩子理解。比如，可以对孩子说："你知道吗，别的小朋友等着一个玩具轮到自己玩的时候是什么感觉呢……可可已经等了一会儿了，我觉得该轮到他玩玩具了……"而不是说"让可可玩一会儿玩具吧"。在这个阶段，大人的协助很有必要。比如，如果孩子回答"我不想给他玩"，我们可以说"我觉得应该给他玩，既然能轮到你，也就应当能轮到其他小朋友"。

还有一个折中的办法是，让（3.5 岁至 4 岁的）孩子和其他小伙伴见面之前先把玩具分一下：哪些是只想自己玩的，哪些是可以拿出来共享的。有人可能觉得这样做是不鼓励孩子分享，但实际上，这样一来，孩子既感到了安全（因为我们理解了孩子的需求，孩子和我们在一起感到安心），也能分享出一部分玩具。

有些孩子在 4 ~ 5 岁时会极力辩解自己为什么不愿意和其他小伙伴分享玩具。这时，我们可以鼓励另一方说出自己的理由，比如："琪琪，告诉亮亮为什么该你玩玩具了。"还可以给出一些解决问题的建议："你和娜娜都想要这个布娃娃啊？那你为什么不让娜娜玩布娃娃，你玩会儿积木呢？"对大一点的孩子，我们可以建议他们做集体活动："我们看看，虽然只有一个救火车，但是有没有什么办法让大家一起玩呢……强强，你玩救护车好不好？你可以用它来救火灾中受伤的人。"渐渐地，孩子就能学会我们教给他们的这些方法，越来越能自主地找到让大家都满意的解决办法。

# 儿童消费主义

"妈妈，去买 ×× 牌小饺子吧，可好吃了，我在电视上看过。"超市里，5岁的妮妮用力地把妈妈往速冻食品区拉拽。而4岁的乐乐正在抽泣，他想要那种送彩色小玩具的点心，爸爸却不给他买。妮妮的妈妈和乐乐的爸爸都在做着抵抗：那种小饺子太贵了，质量也一般；那些点心里面，添加剂和脂肪含量太高。怎么办？是依着孩子、哄他们开心，还是绝不妥协，哪怕孩子当众要闹？让孩子失望，这样做好吗？为一个原则性问题，有必要讲许多道理吗？我们的孩子，在日复一日观看电视的过程中形成了一种坚定的想法：广告里的东西就是好，许多东西是他们的"专属产品"。所以，当父母对他们这种合理期望不予满足时，孩子就觉得他们是"坏爸爸／坏妈妈"，这种情况并不少见。说了这么多，那父母有什么办法能够压制住孩子被广告勾起来的愿望呢？

如果商品确实不错，价格也合理的话，那就没有理由对孩子说"不"。我们可以对孩子解释说，这件商品确实很好，但与广告无关。不过，往往那些广告做得最勤的商品，价格也最高，因为商家要把广告成本赚回来。我们接下来就看一看，家长怎么做才能既抵挡住孩子的施压，又不至于使其感到失望，从而避免家长自己陷入"坏爸爸／坏妈妈"的窘境。

提前在家里按照实际需求列好购物清单，按照这个清单采购（除非忘了什么，或者一些例外情况），这么做很有效，它能够避免冲动型购物。走进商场或者超市时，家长要事先告诉孩子，要严格遵守当天的购物清单，孩子可以在要买的东西里面选一样。如果家长既想保留给孩子选择商品的乐趣，又不想被迫买一些没用的、快过期的或者太贵的东西，那么就可以让孩子在同类商品中进行选择：通心粉是买蝴蝶形状的还是螺旋形状的？布丁是要香草味的还是巧克力味的？

为了帮助孩子更好地理解这个问题，家长可以在家里以游戏的形式做一个对比测验：用布蒙上孩子的眼睛，让他们品尝不同品牌的同类食品，然后选出最好的。家长还可以给孩子派些任务，让孩子忙起来，培养其责任心。让孩子整理购物车，并且用记号笔勾掉已经购买的商品，孩子也就没有时间哭闹了。还可以让孩子注意商品标签上的不同字样，有的字很大，这是为了吸引注意力并且让商品更加醒目；有的字却很小，而恰恰就是这些小字最重要，因为它们表示的是产品质量。一旦孩子开始阅读那些数字和词语，一场"游戏"也就开始了：商品价格在哪儿写着呢？同类的商品，哪个贵，哪个便宜呢？标签上的信息，就算是那些不太显眼的，又都是什么意思呢？

等到时机成熟，家长就可以找孩子聊一聊，告诉他，广告里说的很多都不是真的，广告商们为了宣传他们的产品会耍些花招，创造出一些场景，让商品看上去很漂亮，很吸引人，恰恰就像孩子们自己有时想象出一些不存在的东西或人物一样。

就这样，一步步得到最后的结论：广告的目的就是让人买买买。而一样商品到底好不好，决定权在我们。

这些话何时说，怎么说？家长可以从好奇的孩子提出的问题中明白，重要的是就这些话题展开对话。

# 虐待动物

按压、折磨、肢解，3～6岁的孩子有时会这样虐待动物。孩子为什么这样做呢？他们伤害动物，是受到一种残忍天性的驱使，还是出于其他一些原因与冲动呢？

如果说，这种粗暴行为出现在智力正常的成人或者稍大一点的孩子身上可谓残忍，但在学龄前儿童那里，对这一行为的看法应当有所不同。孩子虐待动物时，与其说是在故意折磨它们，倒不如说是受到占有欲的支配，想要与动物建立联系甚至控制它们。孩子们想的是将动物据为己有，而没有想过"受害者"为此要付出的代价。一只昆虫，孩子本来就是想一把抓住它并且握在手里，结果却把它捏死了。孩子的合群心理、对权力的向往以及好奇心这些交织混杂在一起，促成了虐待行为。这时，我们做大人的就要慢慢地让孩子认识到动物遭受虐待时的痛苦，教给孩子用眼睛去观察动物而不必用手触摸，或者用恰当的方式触碰它们。

一个3岁大的孩子弄死了一只蝴蝶，或者把蝴蝶的翅膀弄坏以致它不能再飞了。面对这个不再挣扎或者不会再飞起来的昆虫，孩子会表现出困惑、失望与难过。诸如此类的反应告诉我们，孩子虐待蝴蝶，并不是受到破坏欲的驱使。

然而，如果孩子到了五六岁时，明知自己的粗暴行为会对小动物造成什么样的后果，却仍然去伤害它们的话，这也许就是破坏的冲动在作祟，但不一定就是残忍，因为这并不是说孩子知道自己在让"受害者"遭受痛苦，或者虐待动物会给他带来快乐。动物（特别是小动物）的动作会激起孩子的欲望：孩子出于活动身体的需要，以及对他是某种效果的制造者的权力体验，使他试图终止那些动物的动作。

在占有欲、控制欲之外，还有好奇心、认知的渴望。一个 4 岁的男童对妈妈说，一只鸽子刚刚被狗咬死了，他想凑过去看一看、摸一摸那只鸽子。母亲听后很生气，孩子就会问："看死鸽子为什么不好？我想看看它的血在哪里。"这是学龄前儿童虐待动物的又一个原因：看看血在哪里，骨头在哪里，翅膀、爪子这些都和哪里连着，等等。把苍蝇放在书里挤死，只是想看看会出现什么样的"图案"……

总之，小孩子虐待动物行为的背后，交织着孩子的好奇心、占有欲，有时还带着一种单纯的、随着虐待或者类似的暴力行为得以突显的统治欲。不过，在这一幼儿发展阶段还谈不上真正意义上的残忍。残忍是制造痛苦，或者面对他人遭受折磨却无动于衷的冲动，一般会在孩子更大一点时表现出来，尽管它的根源在于对行使某种权力的渴望，却不能与这种渴望混为一谈。

从单纯的乐于占有发展成为真正的残忍，这个过程不是自发的，也不会出现在所有孩子身上。那些与孩子共同生活的家长或成人虐待动物，或者要从比他更弱小的对象身上"找回"自己所受虐待的，在孩子身上造成的效果更为明显。

老师、家长，或者孩子的亲戚都可以在阻止这种转变过程中起到重要作用。怎么做呢？可以帮助孩子去了解动物世界，去发现和欣赏不同物种的奇特之处，让他们体会动物们的习性与特征，这些都与它们的生活方式相一致，而且很多情况下，动物的生理构造与行为都优于我们：我们会像鸟一样飞吗？我们有狗的嗅觉吗？我们会像猫科动物那样快速奔跑吗？我们能像海豚一样游泳吗？我们的视力和老鹰一样好吗？我们会像蜜蜂那样酿蜂蜜吗？还要告诉孩子，该怎样和宠物亲近，又该如何与野生动物保持距离，不要改变动植物的生态系统。对动植物的尊重贯穿在生态教育中，而一代一代的孩子应当在很小的时候就接受这种教育。

# 抑郁

以前，人们以为只有成人和青少年才会抑郁。从 20 世纪 70 年代开始，专家们一致表示，儿童也会出现这种心理问题。然而，许多家长对此并无察觉。

一个孩子，如果过于内向、严肃和安静，脸上也没有什么表情，他可能是抑郁的。然而，易激动、不满和不听话这样的表现，背后隐藏的同样可能是深深的悲伤。据估计，10% 的青少年以及 3% 的（6 ~ 12 岁）儿童受到抑郁的困扰，不分性别。

儿童抑郁的主要表现有：一些相关的言语表达（"我什么都不想做""我做的都是错的""我不乖""没有人喜欢我"），这些话表现出孩子丧失兴趣、自我贬低，有无能为力感、愧疚感或羞耻感；对坏掉的玩具过分敏感，表现出悲伤或者长时间的闷闷不乐；在学业上难以集中精力。

家长这边可能会注意到孩子"变了""总是不开心"。于是，家长可能会采用一些惩罚与强制手段，这就会在"孩子—家—学校"之间形成恶性循环，从而使情况变得越来越糟。家人的关心与良好的亲子关系则能改善这种情况。

**"早熟型"抑郁**。如果一个 1 ~ 2 岁的孩子从来不哭，不爱动，大人逗他也不怎么回应，此外还在饮食、睡眠以及成长方面出现问题，那么他很可能是一个抑郁的孩子。然而需要注意的是，不可将一过性的情绪低落与心理问题相混淆：前者是孩子在成长中或者应对一些不愉快事件（比如母亲不在身边）时的内部调整阶段，而后者则会一直困扰着孩子，甚至造成神经质性格。

**治疗方法。**儿童抑郁症的治疗与泛化诊断尤应值得注意。一方面，了解抑郁儿童的情绪状态很有必要，另一方面，要避免不假思索的鲁莽治疗。不建议在幼年时期使用抗抑郁药物，因为这可能会导致药物成瘾，且用药剂量亦难把握。相比之下，面向孩子本人和／或其父母的专业心理辅导效果则更加显著。如果家长因为孩子在遇到困难时的反应糟糕，那么就应当对全家人进行治疗。

最后要明确的是，成年后的抑郁与儿童时期的抑郁两者之间不能简单地画等号。

## 儿童抑郁的主要症状

情绪方面

• 悲伤的情绪几乎一直存在，即便没有用言语表达出来。长时间或没有明显缘由地哭泣。

• 孩子的言语、动作、目光以及讲话语调中都流露出迷惘与悲伤。

• 表现出一种精神上的痛苦，对外界刺激多表现出漠不关心、厌倦或者干脆不予理睬。

• 孩子自述无法参加一些有趣的集体活动。也很难接受他人的帮助，它会让孩子有一种"自我处罚"的感觉。

抑制与可塑性缺失

• 人们会注意到，孩子像是被束住了手脚，动作非常少。整个人仿佛僵住了一般。也不会做什么手势。孩子还有可能表现得十分焦虑，做出无意义的行为。

• 孩子对一切失去了兴趣，无法做事和玩耍。体能下降。缺乏想象力和注意力。

• 专注力、记忆力和学习能力骤然降低；或者，孩子开始拼命学习，对其他事不闻不问，不再合群。

• 可塑性降低可以表现为言语能力降低或者出现刻板行为：孩子执着于不可能完成的事情，反复地检查某些事，表现出病态的情绪高涨，出现挑衅和自罚行为。


睡眠障碍

• 焦虑和相关念头导致入睡困难。

• 经常在夜间惊醒，不管是否做了噩梦。

• 还有可能出现睡眠过多的情况，这是在逃避现实中的困难。

# 绘画

　　一个两三岁的孩子，我们递给他一支笔和一张纸，他会很开心地开始写写画画。与说话、走路一样，绘画也是自发性的行为。它可以调动孩子的身心，小画家因此会产生一种深深的满足感。当孩子只能看着屏幕上的画面时，他是感受不到这种感觉的。手部与右脑相连，右脑的神经组织影响着感性思维、注意力、空间想象力、方位感与视觉成像。

　　对小孩子来说，画画是一种将注意力向物体与身体运动方面外延的过程，这些运动有助于孩子的思维形成结构。他们对自己的涂鸦作品感到满意，而并没有想让自己的画代表什么。当孩子反复画一个图案时，他们是在试图控制一种动作，控制一个形状的产生过程，并没有在思考内容。他们的大脑还在发育。之后，他们也许会给自己的涂鸦起个名字，但这仅仅因为有人会问他们画的是什么。几分钟后，看着同一幅画，他们又会说出完全不同的内容。

　　一开始，孩子会对绘画材料十分感兴趣。他们在使用手指画颜料、彩色笔、粉笔、彩铅或水彩时发现，不同的材料，能产生不同的效果——明暗、色调、清晰或模糊。同样，这里也不涉及内容。我们的小画家可能会画出各种各样的"飓风"，那是因为他想把所有的颜色都用一遍，而不是想要表现什么内容。应当让孩子自由自在地创作这些"手稿"，而不能强迫其说出自己画的是什么。由此产生的自由感和满足感对孩子的创造力至关重要。

下一步则变得更有目的性了。现在，孩子的脑海中有了某样东西，想用符号表现出来。通常，3～5岁的孩子画的"人"，就是一个圆圈上连着几条线。这个"会走路的脑袋"非常普遍，是孩子发展路上的里程碑。同样普遍的还有孩子们自己出现在画中的方式：正面，处在中心，比其他图案都大。画中的世界以孩子为中心，他画的是他的想法，他的感觉，他的经历。他画的不是他所看到的，不是现实的世界。这些最初的内容呈现手法对于学习其他内容非常重要，它们使孩子能够理解字母和数字也是符号表现形式。

绘画这项活动需要多方面的能力，并且还要加以训练，能够把一个复杂三维立体的特征（或部分）抽离出来；把这些特征（或部分）精准地用二维手法再现出来；再把这些按照逻辑连接起来，与此同时还要小心地让手在纸上移动。5～6岁时，孩子已经能够很好地将这些同步过程连接起来，如果他们有幸拥有时间、材料和一个安静的环境，他们的画会非常精彩并且细致入微。这种能够把脑海中的形象或想法呈现在纸上的行为锻炼了他们的思维。

儿童喜欢画画的另一个原因是，从某一个时刻开始，他们认识到，画画不仅仅是动作、画出形状和图像；它还是一种语言，一种与他人沟通的方式，像阅读与写作一样。在一个唯一的"包装"上，在区区一张纸上——无论黑白还是彩色画——孩子能够讲述一个完整的故事，表达自己的愿望，创造出一个奇幻的世界，所有的一切都具备艺术作品典型的"丰满""表现"与"构成"。

8～11岁时，很多孩子会对绘画失去兴趣，孩子的画作变得冰冷、刻板，过于"平庸"，孩子们也不再因为兴趣而画画。对于这一"陨落"，最常见的解释是，孩子已经清楚地看到了这样一种差距：真实的世界是一个样，而自己能力有限，画出来的是另一个样。不过，艺术作品从来都不完全是写实的，而是世界在艺术家敏感滤镜下的呈现。由此可见，孩子是否愿意继续画下去，不仅取决于个人因素，还在于他能否受到技法和艺术素养方面的辅导。想要画得好，需要娴熟地使用绘画工具，并乐于呈现自己感兴趣或者被吸引的事物。不过，很多人认为只有成人（成年艺术家）才具有创造力，所谓的儿童艺术作品其实并不存在。儿童的艺术敏感与能力都被低估了，没有人会想给他们解释"呈现"（在作品中融入一些自我的东西、世界观与文化）与简单的"临摹"（冰冷而没有灵魂）之间的区别。7～10岁正是孩子学习绘画技法的好时机，它们能帮助孩子画得更好，孩子也会对自己的作品更加满意。然而，就是这种无声的低估，导致这些技法无人教授，或者只是被生搬硬套地教给孩子，从而扼杀了小画家的创造力。好的老师，不会抑制孩子，并且能够提供合适的方法让孩子更好地表现自我。如果有这样的老师指点，效果会更好。

## 如何促进创意表达

绘画有助于培养思想与创造力，令人感到愉悦，还能预防和治疗心理问题。每幅画里面都有作者的一点影子。下面我们就来看一看，如何用绘画表达情感与创造力。

• 面对一个两三岁孩子的涂鸦作品，我们要尽量去关注符号、色彩以及绘画这种活动给刚接触这种表现形式的孩子带来的快乐。我们不要问类似"这是什么啊"这样的问题。孩子也不知道。他会觉得被催着去画"像××"的东西。而在这个阶段，孩子才刚开始熟悉材料（纸张、铅笔、彩色笔等），他应当能够享受移动的自由。应当任其去做所有想做的尝试，而不用去想内容。最好说："好漂亮的颜色啊！""我喜欢你画的这些图案。"

• 评论看到的内容，而不是评论"觉得"看到的内容。例如，要说"这个黄色真亮！"而不是"这个太阳好亮！"。孩子画的是不是太阳，让他告诉你们。

• 对孩子画的画表现出感兴趣是正确的，但是，如果你们想培养孩子的创造力，就不要把你们对绘画内容、颜色或者空间的解读告知孩子，否则就好像你们是心理学家，而孩子却成了要接受检查的病人。你们的分析可能是错误的，而且孩子一定会非常讨厌。孩子向家长展示自己的画时，家长的最佳回答首先应该是："谢谢（你把画给我看）！"然后再问："你画画的时候脑子里在想什么呢？""你为什么要用那个颜色呢？"

• 促进直接体验。如果一个七八岁的孩子不论画什么树都画得像棒棒糖一样，这意味着他对树的直观认识还不够。那么就需要带他到户外，从远处看一看树，在一棵树下躺一躺，摸摸树干和树皮，看看各种不同的树。这种直观体验能够让人全身心地参与其中，调动人所有的感官。它留给人的印象，与一个简单的模型留给人的印象有质的区别。

• 从孩子五六岁时开始，当他展示作品时，一个比较好的问题是："给我讲讲你做了什么"，这样就可以让孩子自己决定是讲画画的过程，还是他的画作，是形式还是内容。孩子还可能什么都不讲，比如，他只是喜欢那幅画，想要送给我们而已。他对那幅画很满意，想要与父母分享这份快乐。

• 如果我们愿意承认孩子作品的价值，并且继续鼓励这种活动，就可以把这些画保存在一个文件夹里。不过，我们要让孩子和我们一起来决定哪些画值得留下来。

# 阅读障碍

在学校，约4%的儿童有明显的阅读障碍，另有6%的儿童程度相对较轻。"阅读障碍"这个词是什么意思呢？它指的是，一些孩子在采用对大部分儿童都适用的学习方法学习阅读和写字（有时还包括计算）时存在的困难。患有阅读障碍的孩子，往往擅长其他领域——比如形象艺术、表演以及所有那些需要运用具象思维、视觉思维和空间思维的活动——然而，这些孩子却可能无法被他人理解，他们的能力被低估，被指责为"懒惰"或"迟钝"。

举个例子，9岁的小男孩峰峰沉默而腼腆，一直被大家认为不太机灵。然而不久前，在下午的拓展活动课上，他第一次接触到了摄影机。大家一下子发现，原来峰峰不但很聪明，而且在摄影和导演方面的能力远高于其他同学。

最好不要忘记以下几条：（1）人的思维能力和执行能力是相当多样的；（2）一个孩子可能在某方面不行，但在另一方面或相反的方面却可能干劲十足、非常出色；（3）在孩子构建人格的年纪里，要认识到孩子个人的兴趣偏好，开发他们的潜力，这对于其安全感、自尊和性格的形成十分重要。有时甚至会出现这种情况：一个原本很聪明的孩子，由于在学业上屡屡受挫，就开始利用他的才智干坏事，一旦得手……

因此，一名教育工作者不应把阅读障碍看成一种实实在在的缺陷，而应视其为一些孩子的特殊情况，它是这些孩子生活与学习方式的一部分，这种特殊性会随着孩子的成长逐渐恢复正常。但是，如果在学校教育的几年里，没有为这些特殊个体采用专门教学方法的话，就会导致一些问题。在整个幼儿园和小学时期，患有阅读障碍的孩子确实存在短暂记忆力不佳的问题，相比于同龄人，他们的视动协调能力发育不良，在书面和口头表达上也存在困难。

那些儿时受到阅读障碍困扰但仍旧能够完成学业的成人大多注意到，他们的成功，或是归功于早早发现了适合自己的学习方式，或是因为得到了家庭与学校的全力帮助，如恰当的教学方法与鼓励，这些都曾帮助他们建立了自信与自尊。而那些自身困难未被发现以及没有得到合适的教学帮助的人则表示，自己逐渐失去了动力和自尊，在笃信或担心"自己将一事无成"的念头里慢慢长大。

发现孩子存在阅读障碍的迹象十分重要，这样可以及早进行干预，避免孩子因在学业上屡屡受挫而导致丧失动力与信心，进而变得不合群甚至孤僻。不过要保证判断是正确的，否则就可能将其他原因引起的暂时性能力不足误认为是阅读障碍。

## 识别阅读障碍

患有阅读障碍的儿童，其能力与缺陷存在个体差异，为了设定行之有效的教育干预，有必要认识并区分各种迹象。

需要观察的迹象如下：

**幼儿园时期**

1. 有必要知晓孩子的家人中有无类似情况。

2. 言语学习明显滞后。

3. 有些孩子有耳炎史与过敏病史。

4. 明显的专注困难。

5. 手部动作不协调，肢体动作存在明显困难。

**小学时期**

1. 识字困难。

2. 无法理解单词中的音节顺序。经常出现发音、重音和节奏错误。

3. 短暂记忆力差，在记忆乘法表、日期、外语单词方面尤为明显。有些孩子还难以观察地图。

4. 其他孩子已经具备良好的方向感，有些孩子却还分不清左右。

5. 存在阅读困难。具体说来：

  • 阅读时非常犹豫、吃力，经常漏词或加词；

  • 阅读时经常跳行、串行，停顿不当；

  • 混淆一些形近词，如：via 和 vai，vedo 和 dove，gelo 和 gola；

  • 难以读出多音节词汇；

  • 不注意标点符号；

  • 不理解所阅读的内容。

  （注意：并非所有患阅读障碍的儿童都有阅读问题）

6. 书写、拆分字词时错误过多，如：

  • 书面表达与口头表达能力差异过大；

  • 没完没了地写了改、改了写；

  • 写字时用力而缓慢；

- 分不清外形相似或互为镜像图案的字母，如：g 和 q，b 和 d，m 和 n，f 和 g，b 和 q；
- 分解单词的方法怪异；
- 遗漏字母或音节；
- 接二连三地出现拼写错误。

**初、高中时期**

前面提到的问题可能会延续到这一时期。此外，患有阅读障碍的学生也许还不得不应对一些新环境，例如，老师变多了，学校变得大而嘈杂，作业、小测和考试纷至沓来。这些新情况可能会进一步给孩子带来更多问题，如：

- 记不住要带哪些书去上学；
- 无法安排自己的学习生活；
- 误会或者混淆复杂的指令；
- 无法快速记笔记；
- 无法按时完成作业。

上述问题最终会导致孩子变得疲惫不堪、反复无常，想方设法偷懒。对这样的孩子，要鼓励他、调动他，让他不再觉得自己一无是处。

**练习示例**

对阅读障碍儿童的教学需要教育者具备儿童学习范畴下多领域的专业知识。接下来的这个专业练习，有助于帮助儿童理解字母与发音之间的联系。

1. 大人准备一张卡片，卡片的一面是字母（比如字母 P），另一面是图案（比如苹果）。给孩子看写有字母的那一面。孩子要说出字母 P

的名称。

2. 大人读出"苹——果",然后读出字母 P 的发音。

3. 孩子重复"苹果"一词和字母 P 的读音。

4. 大人读出字母 P 的发音,说出字母 P 的名称。

5. 孩子重复字母 P 的发音和名称,并且一边说一边写(把他听到的声音写成字母)。

6. 孩子把自己写的字母读出来(把写下的字母变成声音)。

7. 让孩子闭上眼睛写下字母,在这个过程中感受字母的书写轨迹(不使用视觉时,其他感觉会变得敏锐)。


**在孩子掌握了字母的名称、发音和形状之后,可以调整训练方法**

1. 让孩子观察不同的卡片,大声发出卡片上所写字母的读音(朗读阶段)。

2. 打乱字母的顺序,大人读出不同的字母,孩子要说出字母的名称然后写下来(分解阶段)。

# 离婚

孩子会如何面对父母离婚这件事？这与他们的年龄、父母分居情况和离婚前后家里的气氛有关。

有的孩子敏感脆弱，是独生子女，不得不离开原来的家，生活水平不如从前；有的孩子则有兄弟姐妹，彼此互相扶持；还有的孩子家庭有亲戚可以依靠。

有的家长，把孩子也卷入大人的纠纷；有的家长却能在自己与孩子的情感之间建立清晰的界限。

有的孩子会因父母离异而感到羞耻，有的孩子则在经历多年的抗争与虐待后将父母离异看作一种解脱。有些家庭，夫妻离婚后又破镜重圆，还有的则成了单亲家庭。有的孩子和爷爷奶奶或者姥爷姥姥生活在一起，还有的孩子不得不面对继父、继母和新的兄弟姐妹。

总之，存在各种各样的可能。而它们有一个共同点，那就是变化。变化本身，就会带来一定的压力。

近年来的研究显示，离婚代表着一种危机情况，它一般分为两个阶段。

◇ 离婚过程。
◇ 离婚后结构发生变化的家庭状况演变，早期一般为单亲家庭。

在上述两个阶段中会同时出现一些适应障碍，表现为恐惧、焦虑、抑郁和内疚。

许多孩子的心里都隐藏着一种对被抛弃的恐惧感，而父母离婚让这种感觉变得真实而具体。不过，恐惧、焦虑这些情绪很大程度上受父母开始分居后双方与其他亲属们的行为影响。父母双方反目成仇，或者父母不告诉孩子他们的决定（不管看上去有多么奇怪，但确实有许多父母不告诉孩子他们决定分开，而是给出其他解释。显然，父母是对此感到愧疚，或者由于双方都过于激动，所以无法心平气和地对孩子说这件事），又或者父母双方无法让孩子有足够的理由去相信他们两个人还会来看他，还会继续爱他和保护他，这些都会加重孩子的恐惧与焦虑。

而大人接下来的这些行为，则会让孩子的恐惧与焦虑达到无以复加的地步：突然离家，一走了之；对离婚不予解释；夫妻双方为离婚打得不可开交；自己因为离婚产生极大的心理与情绪波动，并将这种波动传递给孩子；夫妻彼此不交流，而是托孩子传话；用孩子要挟对方；父母与孩子的角色颠倒，孩子反过来"保护"大人，成为他们的倾诉对象，过早担负起对他来说太过沉重的责任。

至于孩子是否会因父母离婚产生愧疚感，这和年龄有关。幼儿一般不会产生愧疚。而那些快要上学和已经上了学的孩子则最可能出现这种感觉，这与他们的智力发育有关。他们已经有了具体的思想，而且想问题时仍然是从自我出发。

伴随内疚感而来的是羞耻感。许多孩子在父母离婚后陷入心理危机，他们觉得自己成了异类并为此感到耻辱，在人前抬不起头。这种心理会导致自卑。有的夫妻在离婚时会（直接或间接地）让孩子选择跟谁过，这种"我该忠于谁"的矛盾自然会加剧孩子心里的内疚感。

同样，当父母双方觉得离婚是一件很丢人的事并且把这种想法传递给孩子时，孩子的羞耻感也会增加。但是应该说，随着分居和离婚情况的增多，无论是大人还是孩子，看到自己朋友和同学里有这类家庭，尴尬或羞愧感越来越少。

至于抑郁，它是孩子在父母刚离婚时的一种普遍反应，呈多种表现形式：兴趣丧失（即便是对游戏）、学习成绩下滑、悲伤、哭泣、麻木。

抑郁的孩子，迈不过去父母离婚这道坎，他们幻想着父母能够复合，希望能说服父母重新生活在一起，有时甚至会为此创造条件。

经过深入研究，人们发现，孩子对于父母离婚的直接反应可以随着年龄的增长分成四个阶段。

◇ 学龄前儿童会在父母刚离婚时出现行为倒退。这个年龄段最常见的症状就是睡眠障碍，因为孩子害怕自己醒来时房间空无一人、自己被父母抛弃。

◇ 小学时期（潜伏时期）可以分成两个阶段。

•5.5 岁到 7 岁之间（潜伏前期），孩子会感到伤心，经常啜泣、叹气，有失落感，拒绝接受（父母离婚），害怕自己再也看不到爸爸/妈妈。

•8～10 岁（潜伏后期）的孩子在父母离异后会被忧愁所笼罩。对于导致离婚的主要责任一方，他们心怀怨恨，也会深感孤单和无力。这个年纪里的许多孩子都希望父母可以复合。不过，有的时候孩子却能揣摩出大人的心理。比如，当离异夫妻有一方虽然嘴上说着离婚好但实际却想复合时，如果他的孩子善解人意并且也想这样，就会做一些出格的举动，迫使父母重新聚到一起来处理他的问题。

◇ 青春期的孩子在想到自己的未来、想到自己由于父母离异而将失去一些机会时，小小少年们会感到忧愁。不过，他们不会幻想着让父母复合。青春期是孩子逐渐离开父母、走向独立的成长阶段，而有些父母离异的孩子却没能形成健全的人格，这正是因为，孩子的生活中缺少了一个"榜样"、一个"对手"、一个"辩友"，而他的单亲爸爸或妈妈可能又过于懦弱或伤感，无法担任这一角色。不过，有的孩子却能明白，自己的父母不是"神"，不苛求父母一方承担原来两个人的责任。

一旦决定离婚，大人们最好把他们的想法给孩子讲明，告诉他这件事情已成定局，无法改变，免得孩子日后总去想父母是否能够复合而寝食难安。

在学龄儿童和青少年当中，父母离异最常见的短期影响之一就是学习成绩下滑。原因很简单，孩子全部的精力都用在了情感方面，暂时无心做其他事情。

父母离异有时会产生积极影响，这里是指有些离异解决了长时间以来影响家庭生活的诸多矛盾，一别两宽。

然而，除去那些短期的直接影响，有些影响则是长期存在的。如果家长能够采取明智的做法：给孩子解释发生在父母之间的事情；陪在孩子身边安抚他；告诉他，爸爸妈妈虽然分开了，但他仍然是他们两人的孩子；告诉他，以后父母会怎样对待他；不把他当成工具；不让他过早承担家庭的重担；不把他当成宣泄情绪的垃圾桶。那么一般在一年半到两年后，孩子就能顺利度过适应期。那些过激反应（抑郁、惊恐、焦虑）会随着时间逐渐消失。而那些父母离异带来的思绪，如对过去完整家庭的怀念、对自己不再被人呵护的恐惧，则会内化于孩子的自身，内化于他的行为处事，得到与外部世界关系的补充。

对于已经成年的儿女，父母离异似乎起到了"参考案例"或者"前车之鉴"的作用。他们在成家之前就体会到了夫妻生活的复杂艰辛，因此在与另一半交往时会与常人有所不同，他们带有一种特殊的敏感。婚后，女性的角色更像是母亲而非妻子，而男性则更像是儿子而非丈夫。

上述现象，与其说是孩子还无法适应自己的成人角色，倒不如说是他们难以适应生活带来的磨难。

有什么方法能帮助孩子更快地适应父母离异这件事呢？以下四种做法非常重要。

◇ 让孩子尽可能置身父母矛盾之外。

◇ 密切关注孩子的反应，必要时寻求外部帮助。

◇ 在对孩子的管教上，离异双方要达成一致。

◇ 与每个孩子保持个性化的联系。

## 如何告诉孩子父母离婚

怎样告诉一个孩子他的父母离婚了呢？何时告诉呢？由谁去告诉呢？这些问题，摆在那些孩子还小却要分道扬镳的夫妻面前。

并非所有的离异情况都相类似，也不可低估孩子在敏感性、年龄、经历以及对父母一方或双方的信任等方面也都存在差异。不过，一般情况下，最合乎情理的做法是夫妻双方做出最终决定并在实施之前就告诉孩子，或者在两人分居时就告诉孩子，避免一直拖着却不给孩子任何解释或者只是含糊的解释。

最理想的状态（却不是总能实现）是：父母两人一起把他们的决定告诉孩子。这样的三角模式可以让孩子感觉到，父母都是爱他的。这样一来，夫妻离婚后，孩子也不会觉得他是被离开家的一方所抛弃，或者自己对其无关紧要。对于一个成年人来说，如果离婚在某种程度上暗示着人们要考虑他人的需要，那么这可能会让他变得更加成熟。例如，他会意识到，如果想让一个孩子不要因为父母离婚而胡思乱想、感到惧怕或焦虑，就应当告诉他实情。如果没有人告诉孩子他的爸爸为什么离开了家，那么孩子就会认为妈妈迟早也会离开，留下他一人。他可能还会觉得自己是造成父母不和的原因，或者所有的婚姻宿命都是以离婚收场。

众所周知，孩子的想象力十分丰富。但是，这点在诸如父母离婚这种情况中反而可能会伤害到孩子，为此需要给它加一道过滤屏障——话语。

家长通过与孩子谈心，可以帮助他逐渐接受自己的新处境。家长与孩子聊天、有问必答，孩子可以倾诉自己的恐惧、疑惑、困难。而且这样一来，孩子不至于压抑自我，不至于让心理问题演变成为生理问题。

家长没必要也不应该给孩子讲述离婚的细节，指出犯错的一方并对其横加指责。一个6岁的孩子，虽然年龄不大，却已经能明白父母之间出了问题，因为这种情况是真实存在的。他可能听同学们说过类似的事情，在电视节目里看到过类似的场面，或者也曾参与过家里爆发的争吵。

然而也要考虑到，如果家长对孩子隐瞒了他们离婚的实情，这就意味着将孩子置于社会与情感问题之外，由此造成的心理问题需要用很长时间去纠正（孩子会觉得自己只是一件"物品"，没有人关心他在乎他，为此会感到痛苦并且对父母心怀怨恨）。同样，也不能把离婚说得仿佛天塌下来一般，那样会伤害到孩子的心灵。

父母在和孩子谈话时要告诉他：爸爸妈妈在他出生的时候彼此是相爱的，并且要强调，虽然爸爸妈妈因为种种原因离开对方，但他仍然是他们的孩子，爸爸妈妈对他的爱不会变。面对这样一番话，五六岁的孩子即便还不知道如何回应，却已经可以听懂。它突显了父母的爱，一种对人生的承诺。在孩子看来，有了这份承诺，父母不再生活在一起这件事也就不是那么重要、那么令人悲伤了。

可是，如果孩子的父母已经吵得不可开交，双方都气昏了头，没有办法平静下来说些话安慰孩子，又该怎么办呢？这种情况可以向亲友或心理医生寻求帮助，这个人要能够缓和家里的紧张气氛，担任起调解员的角色，带孩子远离大人间的矛盾，总之就是保护孩子免受大人之间不愉快的伤害。有时，这种保护形象的最佳人选是孩子的爷爷奶奶或姥姥姥爷。

他们的优势在于既能保留给孩子家庭的呵护，同时又能保护孩子免于一次又一次剧烈的创伤。

# 复发性腹痛

焦虑情绪常常"借道"肠胃排解，因此肠胃又被称为情绪的镜子。许多健康的成年人面对压力时常常感到胃肠不适。当某些剧烈的情感波动或强烈的担忧影响到孩子独特的生理构造时，他们就会经常感到腹痛。

据统计，5～12岁的儿童，每10人中就有1人经常出现腹痛症状，有时还伴有头痛、呕吐和关节痛。复发性腹痛多发生在白天，夜间的腹痛则更可能是由于器质性原因。

腹痛可以发生在一天当中的某些具体时刻，比如周日晚上、早晨上学之前、考试中或者父母争吵时。在这些情况中，造成腹痛的原因显而易见。然而有的时候，人们却找不出缘由所在。这是因为，一方面，大人不可能总能体会到孩子的情绪；再者，有些腹痛是神经性的（约6%～20%），有些则是器质性的。

虽然儿童器质性腹痛的情况远少于神经性腹痛，但是，导致器质性腹痛的原因却很多。其中有一半是泌尿系统的问题；另一半则可能是由于腹部囊肿、阑尾炎、过敏、腹型癫痫等其他原因。所以，有的时候想要确诊并不容易，需要做各种化验检查，家长对此不要感到惊讶。

一旦排除了器质性病变，就要考虑精神方面的因素了。

一个典型的情况就是腹痛常常发生在孩子上学之前或者在学校时。孩子之所以腹痛，有时是担心自己糟糕的学习成绩，有时是和班里的同学闹了别扭，还有时是不想离开家、不想离开家人——特别是自己非常依赖的妈妈。孩子会担心母亲不时发生一些不好的事情，或者嫉妒自己的弟弟可以留在家里。还有的时候是孩子的母亲想要把孩子留在家里，而孩子读懂了她的忧思。

有的腹痛是一过性的，只与当时的情况有关。比如，一个孩子说肚子痛，可一转眼，他又玩起了游戏，肚子也不疼了。然而，在一旁观察到全过程的人注意到，刚刚有人说要带他去看牙医，又或者是孩子的妈妈正在为出一趟远门做准备。有很多方法能够治疗儿童这种反复发作的神经性腹痛，有的还很简单。举个例子，如果孩子在上学前说肚子疼，那么妈妈可以安慰他一下（还可以用手给他揉揉肚子），以此表明她知道孩子是真的肚子疼。不过，在这之后，家长还是要送孩子去上学，而且还可以打趣地说："这个坏肚肚，总想让我们迟到。"这样一来，孩子能够感觉到妈妈既从容又坚定，心里就会安定下来，疼痛也会随之消失。另一个办法是放松。可以教孩子做一些肌肉群的收缩－舒张训练。家长还要多问问自己，孩子的生活是否与他的年龄相符，是不是能和其他小伙伴有足够多的户外玩耍。玩耍是治疗孩子心理问题的良方。

有些情况下，可以给孩子进行短暂的心理治疗。在诊疗师的帮助下，孩子可以正视自己的恐惧，说出自己的担忧。孩子通过直接倾诉或者绘画的形式表达自己的心绪，肢体上的症状会减轻乃至消失。

# 问题与回答

　　我们当中有一些人，他们愿意回答孩子的问题，可又讲得过于复杂，没有考虑到对方还只是孩子，简洁明了的答案其实更好。还有的时候，我们只顾着快点解答孩子的问题，却没有真正听懂孩子想要说什么。

　　对于孩子的问题，有些人往往一不留神就回答得太快、太多。这也许是他们潜意识里觉得自己要当一个有效率的家长，或者想要展示自己的学识。殊不知，这种连珠炮似的、枯燥乏味而且过分详尽的讲解其实剥夺了孩子动脑思考、消化知识的机会。而它本来是一个很好的练习，只要给予足够的时间，所有的孩子都能做到。不要忘了，孩子的时间与我们的不一样。此外，我们觉得幼稚、理所当然的事，在他们看来却可能十分新奇。

　　大人要明白，孩子问的问题、提的要求，家长并不都要立即给予周全的回应。就连孩子自己在问的时候也并没有希望能马上知道一切或者盼着大人回答。一名年轻妈妈曾告诉我，她那四五岁大的女儿问问题时，她常常想要回答得特别详细清楚，每当这时，小家伙就会坚决地对她说："我不想听！"或者不等她讲完又跑回去玩布娃娃了。这种情况之所以发生，既是因为家长有的时候讲得太多，又是因为孩子想要尽可能久地保留自己的幻想，有些事情的真相会令他们感到不安，或者对他们来说过于复杂。家长和老师应当认识到并且尊重孩子的这一需要。另一方面,孩子的一个"本领"是健忘。同一个问题，没隔多久就要再问一遍。这也证明，有些时候，与其说是孩子想要问些什么，倒不如说是他们想要说说话。这也就不难理解，为什么孩子有时会抵抗大人的"知识入侵"了。

家长在回答问题或者应对需要方面表现得过于"超前"，他们以为这样可以提高孩子的理解能力，可是孩子毕竟年龄还小，对此尚未做好准备，这就会引发防御反应。孩子不会想着去适应，而是会下意识地保护自己免受过多信息的干扰。讲授固然不能少，但方法很重要。一味地强迫施压，效果只会适得其反。如果大人说了太多太细、口吻过于教条并带有压迫性的话，孩子就会变得"油盐不进"。还要保留孩子梦想和幻想的权利，这是儿童身心发育的阶段特征，一来可以使孩子远离那些使他们感到不安、情感上还无法接受的真相，二来也有助于他们的创新与探索思维。

## 如何回答那些"为什么"

"为什么飞机不会掉下来？""为什么树叶会变红？""为什么我是小女孩，不是小男孩？""为什么蝴蝶不会动了？"……一个孩子从学会说话那一刻起，就要运用它来探索和理解世界。一个又一个问题让家长感到疲惫不堪。有些问题往往十分复杂，该怎么说才能让孩子明白呢？

学龄前的孩子经常会问个没完没了，大人往往疲于应对。该怎么办呢？要记住，孩子的问题反映了其思想的成熟水平，如果大人给出的答案让孩子满意并且能够激发他们的好奇心，这对孩子的成长就起到了促进作用。

家长回答问题的方式非常重要。找到恰当的词语并不总是那么容易。孩子们都会有一个阶段变得很爱问为什么，以下这些建议，可以帮助家长顺利地度过这段时期。

• 用孩子能听懂的话回答，而且要简短、具体。太长的回答只能让人疲惫。至于答案的深度，要看孩子的成熟水平。如果孩子想了解得更细，他会追问，或者过几天再来问同样的问题。

• 每当孩子问"为什么"时，家长总要表现出乐于分享知识的样子。

• 在孩子还很小的时候，家长常常会被这个"问题大王"问得哑口无言。这时，孩子只是想吸引大人的注意力，或者因为不想去睡觉而拖延时间。一连串的"为什么"只是为了问而问，毫无意义。这种情况下，家长有权喊停："够了！下一个问题明天再问！"

• 不要因为孩子错误的想法而取笑他们，孩子怎么问，大人就怎么回答。

• 大人不要想着能回答所有的问题。"不知道"这个答案虽然水平不高，但却可以接受。孩子会明白，原来父母也有不知道的事情，这对他来说也是一种教育。这样，大人和孩子可以一起去查书，或者从知道的人那里寻得答案。

• 提问是孩子好奇心的表现，家长可以借此机会听听孩子的想法，看看他的小脑瓜里在想些什么，这是一件很有意思的事情。因此，在回答孩子的问题之前，家长可以逗逗孩子："你觉得呢？你觉得婴儿是从哪儿来的呢？"得到答复后再告诉他："是的，这是你的想法，但实际上事情有些不一样……"

• 随着孩子渐渐长大，他的问题也开始变得有了深度。他们可能会问到死亡、性、离婚等。家长只要记住一点：不要说谎。回答的内容可以片面，可以粗浅，但一定要真实。孩子对家长的信赖，靠的就是这份坦诚。

• 有些问题，虽然合情合理，却可能会让大人感到尴尬，这很正常。有些事，我们本想等孩子大一点时再让他们知道，可是孩子却从电视上看到了它们。一些儿童读物也许可以帮助回答孩子的许多敏感问题。

• "我是这样想的，但其他人却有不同看法。你觉得呢？"这种回答对孩子非常重要，因为它把问题引向了信念、观点，比如，道德品质、死亡的意义等。这样的回答可以增强孩子的文化归属感，也能让他（在将来）去思考并且形成自己的看法。

家长们，有时，你们也可以抛开一切，真诚、简单、率性地告诉孩子："这个问题没有现成答案。你需要在成长和学习中去发现属于你自己的答案。"

# 毒品

　　为什么在青春期，有时甚至更早，毒品、酒精和烟草会变得那么有吸引力呢？有什么方法可以帮助孩子抵制毒品的诱惑吗？

　　我们先来看第一个问题。许多孩子什么事情都想体验一下。他们被冒险的事情所吸引，觉得自己天下无敌。但是，他们酗酒、吸毒、抽烟的原因却不尽相同。有的人为了交际，有的人出于好奇、无聊、孤独，有的人为了不去思考，有的人是为了忘记一些事情。消费烟、酒、毒的行为甚至带有了某种象征性，在沾染了这些恶习的年轻人个体看来，这一切代表着标新立异、独立自主、归属认同。

　　不过，团体的作用却常常被放大，特别是在这些行为开始时。多项研究表明，因为压力或者在朋友带动下开始吸毒、酗酒或抽烟的仅为个案；青少年中的大多数人，只要他们有意愿，是能抵挡住压力的。他们当中许多人之所以开始吸毒或酗酒，实际上是因为他们早就准备好这么做了。

　　现在来看第二个问题。怎样才能阻断青少年对这些有害物质的依赖，进而帮助他们抵挡住酒精特别是毒品的诱惑呢？具体可以做哪些事呢？

　　仅仅让孩子了解吸毒的风险或者讲述吸毒者的悲惨经历是不够的。要想让孩子听进去，不能只强调危害，还要告诉他们毒品为什么存在诱惑力；不仅要讲长期危害，也要谈短期影响。孩子们倾向于拒绝所谓的数据以及那些要么像是大人们的危言耸听，要么就是与自己经历不相符的描述。

在校园中开展的干预活动应当建立在让青少年主动学习相关知识的基础上，如调查、材料收集、采访、举办讨论会、走访戒毒所、与戒毒者对话等。那些传统课程与影片只对部分孩子有效；对于其他人则更适合采取一些互动性的方式，如小组讨论与角色扮演。在角色扮演中，孩子可以是吸毒者、贩毒者、朋友、家长、毒品制作者、戒毒所负责人……

有些活动还需要小组活动组织者的参与，他们应当是深受孩子信赖、能让其袒露心声的人。他们要能够重视孩子的想法，对他们抱有期望，把一时的错误看作成长机会，建立积极而非消极的规则（告诉孩子可以做什么，而不是不可以做什么）。

仅限于探讨毒品本身的预防方案是有缺陷的。事在人为，要能对毒品说"不"。因此，要想预防毒品侵害，大人们从孩子上小学时起，就应该带着他们去谈论不同话题，开发智力和培养能力，关注自己和他人的感觉，学会多角度解决问题。与青少年相比，儿童更愿意听信大人说的话。

还有一种方法是举行禁毒宣传活动。各国都举办过许多这类活动，形式丰富多样。但是，如果说这些活动确实有很多对青少年起到了感化作用，并且使他们的一些认识更为透彻，但是，这些活动并没有从根本上改变他们的态度与行为。显然，那些能够让青少年亲身参与其中的主动方法，比那些被动方法（当听众或者观众）更为有效。

当事情成为公众讨论的热点话题时，媒体的作用就变得十分突出。例如，在许多西方国家，人们之所以意识到酒驾是一种不可接受的行为，媒体的功劳不容小觑。对于吸烟也是如此，许多公共场所都严禁吸烟。

从家庭角度出发也有许多办法。重要的是应当以教育为主，保持良好的沟通，父母要做好榜样。总之就是要创造有利条件，培养孩子的功能自主能力（承担责任、独立判断、交流沟通、形成价值观）。家庭系统的健康运转也很重要。有些家庭中，吸毒者是父母而非孩子。对于这种情况，一定要在孩子还小的时候就对其父母采取戒毒措施，越早干预越好。各个社区都要找到方法，在治疗大人的同时关心孩子。在混乱多变的家庭环境中成长的孩子，心理防线也会变得十分脆弱。

# 家庭教育

　　家庭教育并非孩子生活的全部,却是一项非常重要的指标。孩子的性格、面对父母管教时的反应与回应(或反馈),以及家长本身在为人父母过程中积累的经验,这些都影响着亲子关系。例如,孩子过分活跃,家长就不得不严加管教;孩子性格温顺,家里的氛围也会更加民主。以下是一些基础类型的家教以及它们对儿童与少年成长产生的影响。在此基础上还可以衍生出其他家教类型。

　　**专制型。**专制型家长非常严厉与武断。他们定了许多规矩,却不解释理由,也几乎不会考虑孩子的想法。在这样的家庭里,规则具有约束力,如若违反,则会受到严厉的惩罚。家长主要的管教方式是强迫与恫吓。"不听话"会被解读为对专制的威胁。孩子不听话时,家长会勃然大怒、变本加厉,从而进一步加大父母与孩子之间业已存在的隔阂。家长也从来没有站在孩子的角度看问题,更没有让孩子参与决定家里的大事小情。家长定的规矩,孩子遵守即可,不要问为什么,更不能反对。家中的气氛十分压抑,父母与孩子之间的关系冷漠而生疏。

　　**纵容型。**这种类型与前者完全相反。家长相信孩子天性善良。孩子要什么,家长就给什么。孩子不会受到条条框框的约束,也不会被要求干这干那,家长从不指望孩子可以做什么。家里也没有一套像样的规矩。有些事情明明应该由家长做主，可他们却还是要问问自己的宝贝愿不愿意。好不容易想管管孩子的时候，他们又感觉舍不得、不忍心。换句话说，家长心里想的是"树大自然直"。孩子一旦遇到麻烦或者哪怕很普通的小问题，家长就会表现出强烈的保护欲并且想替孩子解围，殊不知孩子也许可以自己解决。这种家长基本上把自己看成一种孩子可以利用的资源，而不是一个积极负责、能够传授孩子本领并纠正其行为的代理人。

**拒绝－忽视型。**在这种家庭里，家长的态度十分疏远，对孩子既没有要求，也不予接纳，往往忽视孩子的一些（身体、情感与认知方面）基本需求，离他们远远的，对他们的活动、成就与行为不闻不问。孩子做的事，家长不会去管，也不会给予支持，给孩子提供生活所需的了解世界和社会规则的帮助很少。在孩子较大的家庭里，家长不了解也不关心孩子的人际交往、学业或者健康状况。孩子有事找家长时，家长也通常表现出厌烦、敌对或者回避的态度。在孩子较小的家庭里，这种行为很容易导致亲子关系出现裂痕。孩子从这种家长身上获得的信息是"让我静静，离我远点"。

**传统型。**在这种家庭里，父母角色有着鲜明差异。一方，通常是父亲，独断严厉；另一方，通常是母亲，对孩子疼爱有加，形成"严父慈母"的组合。严厉的一方在家里设立苛刻的规矩，对孩子进行管教。慈爱的一方则比较惯着孩子，对孩子的要求大多予以满足。一般情况下，母亲是给予孩子关爱和温暖的那个人。她的宠溺能营造出信任的氛围，不过有时也会让孩子得寸进尺（孩子以为自己的任何要求母亲都会答应）。对父亲，孩子却表现得较为疏远，有时甚至是怨恨。

**过度保护型。**这样的家长不会出尔反尔、疏远孩子，更不会打压孩子的积极性，可是却太爱操心。他们总是害怕孩子犯错、遇到危险、在学校或者同龄人当中受挫遇阻，到头来不愿给予孩子必要的自主权让他们去认识世界、在犯错中成长、进行自我管理与自我保护。就这样，孩子大了，有些事情本可以自己做，家长却还是一味代劳。对于孩子，他们干涉得太多了，大包大揽，剥夺了孩子自己做事的快乐。对此，孩子们要么反抗，要么就会变得依赖父母，同样变得忧心忡忡。"爸爸妈妈非常体贴我，很爱我，可是他们太爱操心了，"13岁的小可这样说道，"就好像我自己什么都不会做，这让我很反感，特别是当有朋友在的时候。"随着时间的推移，在父母的过度保护下，孩子会变成家里的"小皇帝"，他们习惯被人伺候，觉得父母能够满足自己每一个任性的要求。

**权威型（又称民主型）。**权威型的家长尊重孩子，他们订立的规矩孩子一般都能够遵守，不仅因为它们符合孩子的年龄与性格特点，而且随着孩子的成长，家长能够与孩子谈论并调整这些规矩。与专制型家长不同，权威型家长尊重孩子的想法和需求，遇到问题也会听听他们的看法。这样的家长不会过多干涉孩子，但会及时给予反馈。他们教会孩子独立自主，从错误中学习。这样的家庭亲子关系和睦，家教中蕴含着浓厚的文化气息。孩子的个性在家庭里受到尊重，这体现在家长与孩子的沟通方式、相处状态中。通常，家长和孩子在一起时，彼此都会感到开心快乐。

权威型父母培养出的孩子往往能力最强。比起上述其他家教类型培养出的孩子，他们更加自信，更加看重事情的结果，在人际交往中表现得更加负责，性格更为开朗，有自控力，与成年人和同龄人都能合作。

纵容型父母的孩子往往缺乏目标，有些优柔寡断，一般不太看重事情的结果。专制型父母的孩子大多粗暴无礼，依赖性强，不擅长人际交往。相比之下，拒绝型父母的孩子不论在认知还是社交方面，往往都是最不成熟的。反过来，能力最强、最有自控力并且最不容易受到毒品诱惑的孩子，他们的家长往往也是权威型的。而忽视型的家教则会导致孩子在青春期里出现最严重的问题，孩子觉得没人在乎自己，这种感觉在不同的情况下会逐渐演变成为自卑或怨恨。

为了更好地理解不同家教类型之间的区别，请看下面的场景展示，它们分别刻画了专制型、纵容型、民主型以及拒绝型家长对同一事情的反应。

9 岁的小女孩欣欣被邀请去参加一场聚会。可是聚会时间却和小提琴课的时间冲突。专制型的家长会说："聚什么聚，上小提琴课更重要。"如果欣欣试图争辩，家长的回答会是："你还敢顶嘴，我说不行就不行! 回你屋里去。"而纵容型家长可能会说："想去就去吧，我告诉小提琴老师一声。"权威型家长会说："你还有小提琴课，都已经和老师说好了。我明白你想去聚会，那么我们一起来找个好办法解决吧。"至于拒绝型家长，要么不予回应，要么就是敷衍了事（推给另一个家长，或者对孩子说："一边儿去，我还有别的事……"）

我们再来假设一个管教孩子的场景。家长已经告诉过欣欣，晚饭后只能在外面玩 1 小时。一次，欣欣在外面玩了 2 小时，比规定的多了一个小时。对此，专制型家长会这样说："你回来晚了，从今以后，你晚上不能再出去玩了。这就是不听话的代价!"纵容型家长发现欣欣回来晚了，但什么都不说。民主型家长会这样说："欣欣，我让你 9 点回来，现在已经 10 点了，怎么回事？"欣欣会说自己玩得忘了时间，家长会接着说："明天你必须准时回来"，但同时也会给出建议："看着点表，或者让别人提醒一下。"而忽视型父母甚至可能都没注意到欣欣回家晚的情况。

从这些事例可以看出，权威型家长鼓励孩子做事负责和信守承诺。他们提倡解决问题并能形成积极的互动模式。而专制型家庭的氛围却大相径庭。

由于父母的管教十分严厉，孩子要么会激烈地或暗暗地予以抵抗，要么就是让父母掌管一切，但这意味着孩子将不会有责任心。此外，专制型

116

父母也无法形成良好的互动模式。

纵容型家长不会给孩子提供指导。欣欣翘课不会产生任何不良后果，家长对于她不能按时上课这件事也没有任何表态。没人会想到，出了家门，不遵守承诺的人会招致他人的反感。有时，这种家庭里会表现得"没大没小"，家长仿佛成了孩子的哥哥姐姐，甚至沦为孩子的"奴隶"。家中没有规矩，没有责罚。更有甚者，把孩子宠上了天，处于要什么给什么的状态。孩子若任性，家长就会急得如同热锅上的蚂蚁，想尽办法予以满足。而这样做的后果就是，孩子无法学会自我管理。

还有另一种情况，与前面有所不同，这里结合了家长对孩子的纵容、过分保护与精心塑造。孩子觉得自己是世界的中心，追求完美人设，父母对此也暗中支持。孩子的注意力永远集中在父母对他的期望上，希望自己的所作所为能够符合自己在父母心中的完美形象。如此一来，孩子会把精力全部集中在满足他人的愿望上，但本质上却不会变得无私。他可能会变成一个彻头彻尾的自恋狂。他是班上的第一名，父母提起他总是语带得意。这些孩子当中，有一部分人会在之后的某个时刻遭到"当头棒喝"，如梦方醒。原来，他们曾投以全身心的人生道路并非自己所愿，而只是父母的期望。

最后，拒绝-忽视型的家庭对孩子的成长帮助最小。要想在这样的家庭里"茁壮"成长，孩子只能寄希望于自己的"天赋异禀"了！

# 假性自我

通常，孩子们有能力应对成长中出现的一个又一个困难，当情况尤其艰难时，求生本能会调动他们的一切聪明才智。当遇到诸如父母不在身边、自己受到虐待或者父母生病等困难时，孩子们能够转而寻求其他大人的关注、鼓励与关爱。他们甚至能意识到许多困难都是暂时的，因此不会轻易变得垂头丧气，而是会依然保持乐观。

然而，有些情况实在太过困难、复杂，或者出现得过于频繁，以至于儿童无法单凭自己的力量去应对。更何况，许多时候，对于某些困难，孩子还没有时间和方法去开发自己应对的策略与技能。遇到这些情况，孩子发现自己无法"操控"现实，于是转而试图"掌控"现实（有时成年人也会这么做）：扮演成某个角色或者戴上一副面具去讨好大人。这样的表演是想向旁人，也向自己证明：我可以。但是，随着时间的推移，类似解决问题的方式可能会适得其反，因为孩子背后隐藏的真实情况与他表现出来的相去甚远。

英国著名精神分析学家唐纳德·威尼科特在他的"假性自我"理论中指出，儿童在受到忽视、虐待或者依恋对象的离开给他们造成严重心理创伤时，就会戴上这样一副面具伪装起来。有时，孩子会表现得异常聪明、非常听话，行为举止里透着一股与年龄不符的殷勤，这些迹象表明，孩子在努力掩饰内心的犹豫、恐惧和"低人一等"的感觉，好让别人接纳自己。不过，孩子的这些表现，大人们未必能看得出来，他们习惯性地认为孩子面对困难和焦虑时的反应更为简单和迅速，会通过畏惧、发脾气、打人等方式"直抒胸臆"。

那些伪装出来的姿态（面对虐待等随时间反复出现的困难，孩子可能表面上装得毫不在乎或者镇定自若）可能一时奏效，可是一旦它们成了习惯，就几乎总是带来麻烦。一来因为它们传递出的是虚假信息，旁人无法理解孩子的真实情感；再者，伪装需要耗费精力，孩子也就没力气再去做别的事了。

此外，随着时间的推移，那些想方设法伪装自己的孩子（有的装好，有的装坏或装傻）会变得无法真正地面对各种情况，他甚至会将自己的真实情感与努力装出来的感觉相混淆。我们来看一个真实案例。一个六七岁大的男孩，很聪明，在家里表现得非常积极、乖巧和善良，从来不耍脾气，很听话。可是在学校里，他的成绩却很差，无法专心听讲，也不能与老师和同学们交流。

这个孩子之所以在学业上表现不佳，本质上是因为他已经习惯了在家里扮演成一个好孩子，这么做可以取悦父母或者免于责骂，因此，他想在学校里继续扮演这一角色。然而，这套做法却在学习和与同学交往上行不通，因为它把孩子关进了过分依赖他人的牢笼。

所以，当孩子表现得"好过了头"时，家长要多留心才好，虽然这样也许会让家长觉得省心，但是有时却可能隐藏着问题。家长应当不时问问自己，是不是对孩子太苛刻了，还是哪里没做好，忽视或者伤害了孩子。

# 童话故事与阅读

## 给孩子讲童话故事

最近，英国的一项调查显示，2 ~ 8 岁的儿童中，只有 16% 是伴着父母讲故事的声音入睡的；而 10 年前，这个数字是 30%；30 年前，是 75%。

由此可见，家长给孩子讲故事的习惯正在逐渐减少，而英国的研究员将这一现象与包括未成年犯罪团伙在内的诸多青少年问题联系在一起，在他们看来，这是因为孩子们听到父母或祖父母那些能够教导他们辨别是非、分清善恶的声音越来越少。同样，孩子也缺少一个安宁与交流的空间用来思考、发问、表达疑惑与感受、推理一些问题、提出解决方案，即一系列涉及认知与情感层面的活动，它们帮助孩子一天天成长、成熟。

那么在意大利呢？我们没有类似英国那种研究的数据，不过我们知道在许多家庭里，讲故事的老习惯已经被电视和电子游戏取代多时。这些新事物固然值得称赞，但是它们却代替不了父母和祖父母们讲故事时的声音以及其中蕴含的情感。孩子听故事的时候，会任由想象驰骋，对故事加以评论，发现他不认识的词、新的说法、近义词、动词的时态以及语言的各种"把戏"。此外，利用这个机会，孩子可以和喜欢的人待在一起。

即使很小的孩子，也能看得出来大人是忙碌还是放松，是急着要走还

120

是愿意陪陪他们，而且孩子非常看重大人陪伴他们的时间。家长大声地、绘声绘色地给孩子讲故事，这会让孩子非常享受他们的陪伴。对于很小的孩子，家长的声音刺激有助于开发他们的智力与言语能力。如果在孩子入睡前给予这种刺激，它几乎总能让孩子睡一个好觉，一些儿科医生因此建议家长晚上给孩子讲故事，权当这是孩子吃的药。

孩子的父母和爷爷奶奶们都可以成为故事讲述人，不仅限于念别人写好的故事，还可以讲自己的故事。这件事乍看起来很难，其实在于练习。人们试着讲过几次就会发现，自己的想象力比自己之前认为的要更丰富，可以把故事编得有模有样，把孩子和自己都逗得非常开心。孩子喜欢的那些童话故事具有两类信息，一种是明显的，另一种是隐藏的：前者说理，后者讲情——其中一些情感听者有时可能并不十分清楚。童话当中有许多隐喻，将复杂的概念用词语和图像表达出来，可以间接地对孩子起到教育作用。例如，通常，家长爱自己的孩子并且保护他们，可是有的人却想伤害孩子，所以，"小红帽"的故事告诉孩子，不可以独自走进森林或者轻信任何人。

每个童话故事都有情节，孩子把自己代入进去，想象主人公如何克服重重困难直到最后取得胜利。的确，比起大道理，童话故事旨在借主人公的一系列奇遇教育孩子，每个人在生活中都必须同许多困难和不公做斗争。不逃避，不退却，迎难而上，最后就能取得成功。

## 听着故事长大

近几十年来，给孩子讲故事的家长越来越少，原因我们也都知道。不过，讲故事这件事对我们的子孙成长来说依然非常重要。

**注意力与言语能力。**讲故事会对孩子语言能力的开发起到非常大的帮助。在孩子出生的第一年里，大人唱的歌谣刺激着孩子的听觉、注意力、智力以及开口讲话的愿望。在第二年和第三年里，小家伙也会跟着一起模仿、重复，想要跟上故事的节奏，询问一些词语的意思，让家长重新讲一些内容，想看看自己喜欢的词语写出来是什么样子，又或者像大孩子一样翻动书页。从小喜欢书的孩子，上学念书时可能会表现得更有优势。

**想象力。**儿童故事和读本还有其他优点。它们可以满足孩子的好奇心，帮助他们克服恐惧、解决问题，开发他们的想象力。

故事里的时间跨度和视频、电视节目中的有所不同。此外，故事中的话语并不能完全贴切地描绘那些人物、风景和情感，其中的空间留给听者自行补充。正是由于语言的这种"不完美"（语言不像图像那样"想画什么就画什么"），孩子就有了想象的空间，用自己的想象与情感填补其中的空白。当然，讲故事的人也可以自由发挥，时而动人心魄，时而神秘兮兮，时而夸张强调，时而语带嘲讽……

**亲密关系与安全感。**讲故事的过程也是一段亲密的时光，词语交织在一起，娓娓动听，营造出温馨的气氛。人在这样的环境中感到安全和踏实。孩子在很小时就开始学着把书与大人的关怀联系在一起。喜欢的书可以和喜欢的玩具同样重要，它们让睡前的那一小段独处变得不再难熬。当然，故事和读本内容要符合孩子的年龄。对于很小的幼儿，有那种看图识物的图画书，还有那些童谣儿歌。之后可以过渡到一些关于日常生活的小故事。孩子再大一点时，家长就可以讲一些童话故事了。

**家长们的时间。**许多家长借口说自己太忙所以没有时间给孩子读书或讲故事。然而，恰恰是这些忙碌的父母，更应该想办法让孩子感受到他们的陪伴。父母大声地、绘声绘色地给孩子讲故事，彼此都因为对方的陪伴感到愉快，创造出一份专属的安宁。孩子的爷爷奶奶、姥姥姥爷或者保姆也是这项活动的绝佳人选。


## 给孩子讲哪些童话故事呢?

每个年龄段都有适合它的童话故事。孩子一岁零几个月大时就能把注意力集中在那些围绕简单形象或布娃娃们展开的短小故事上了。

2岁左右时，孩子可以听一些简短的歌谣。

3～4岁时，孩子喜欢听那些与日常生活有关的小故事，比如吃饭、做饭、睡觉、洗澡。

4～5岁时，孩子喜欢听带有动物、仙女等形象的历险类故事。

5～6岁时，孩子喜欢听那些国王与王后、王子和公主、巫婆和妖魔鬼怪、英雄历险、机器人、坏孩子变好之类的故事。

孩子渐渐长大，能跟上越来越复杂的故事情节，它们激发着孩子的想象力，锻炼着孩子的智力。

童话故事具有"表面—内里"的双重内容结构，有些可以教会孩子无私与慷慨，有些可以成为治愈孩子心理问题的良方。

# 自信

　　自信的孩子，做事积极主动，喜欢探索，能够投入；知道如何克服恐惧；遇到问题时会大大方方地寻求他人帮助；在课堂上踊跃发言。展示出积极的自我形象与生活态度。不害怕孤独，因为知道有人爱着自己。遇到挫折时不气馁，而是重新再来。这些品质在如今都显得如此难能可贵，人们不禁要问，孩子如何才能建立积极的自我形象呢？大部分情况下，这种形象将会伴随孩子一生。老师和家长在培养孩子这种自信的过程中发挥着关键作用，尤其是家长，因为他们自从孩子出生起就与之朝夕相处。

　　**出生后的前几个月。**孩子完全依赖于照料他的人。感觉饿了、冷了或者想要抱抱的时候会叫喊和哭闹。家长会对此做出回应，哄一哄，或抱在怀里摇一摇，这些方法虽然简单，但非常重要，它们可以让孩子相信这个世界，相信自己的能力。如果家长能够尊重孩子的成长节奏，如果孩子觉得周围环境与自己在妈妈肚子里时一样温暖舒适，而且每天的生活都很有规律的话，慢慢地，孩子就会明白自己能从大人那里得到什么，知道自己身上会发生哪些事并且相信自己的判断。总之，他会开始构建起最初的安全感。

　　**1～3岁。**孩子会体验到失望（不能立刻拥有他想要的）、恐惧（怕黑，怕虫子，怕生人）与离别。孩子会耍脾气、胡闹，麻烦开始了。这个阶段，孩子可能会在讲话时用词不当，或者显得胆小怕"鬼"，但家长最好不要因此而取笑孩子。尤其不要让孩子觉得，自己如果不乖，家长就不会再喜欢他了。孩子恰恰是在自己不乖时想要知道大人还是会一如既往地喜欢他。这个年龄的孩子开始探索自己的生活环境，从而免不了一些磕磕碰碰。他们知道自己还小，需要帮助，但又不想让别人替他们做。他们自己先试着去做，失败以后感到生气，可如果有人在一旁鼓励的话，他们就会从头再来。当他们终于独自做成一件心念着的事时，会对自己感到十分满意与自豪，远胜过有大人帮助或代劳。因此，家长要对孩子的积极性与毅力加以鼓励，避免适得其反的干预主义。

**4～5岁。**这是妒忌心和好胜心出现的年纪。非独生子女的孩子发现，自己不是妈妈唯一疼爱的孩子；幼儿园里，自己不是老师唯一喜爱的小朋友，这太难让人接受了。不过，如果孩子能有家人的陪伴，能够体验丰富的生活，挑战自我，学习新知识新技能，每天都有一些小成就，这些快乐就会帮助孩子逐渐克服妒忌与好胜心理。孩子会开始与其他小伙伴合作而非竞争，因为他知道自己在大人眼里仍然是独一无二的。而作为幼儿园老师，也应当主动寻找能够单独陪伴每个孩子的机会，让孩子讲讲前一天做了什么，讲一讲自己画的画是什么意思，展示一下自己搭的积木或者拍的照片。这样的机会非常难得，可以帮助孩子更好地适应集体生活。

**6～11岁。**孩子开始将自己以及自己的学习成绩与他人进行比较。他们需要大人的鼓励与肯定来坚定其自信心。这个年龄的孩子已经能对某件事情如何去做以及同伴们的选择发表自己的看法了。大人要尊重孩子的想法、爱好，帮他实现脑海中的一些小计划（搭一座小屋，集齐一套画片……），这些都有助于培养其责任心。孩子与这个世界打交道，取得一些实实在在的成功，他的自信心也会与日俱增。

在成长的每个阶段,孩子都要面临相应的挑战。他们需要用自己的身体、情感以及智慧去应对。尝试—失败—改变策略—成功,孩子在这个过程中获得了独立感、安全感与自信心。需要给他们足够的时间。家长最好不要越俎代庖,剥夺孩子自主解决问题的乐趣,也不要每当孩子做事时就表现得非常焦虑或担心。家长的职责在于监护、鼓励并支持孩子,与孩子探讨问题,为他们提供满怀温情与关注的榜样,成为他们在困境中可以依靠的肩膀。与自信相反的是自卑,不过并非所有人都把它只看作一个负面概念。例如,在心理学家阿尔弗雷德·阿德勒看来,"生而为人意味着被自卑所裹挟,而这种感觉却不断地推动我们去超越自我"。自卑的人不一定非要有什么理由。同样,自信心强的人也不一定就多么漂亮、聪明、富有或幸运。一个人的自信心大部分来源于内心,它是一种精神状态,一种接纳自我、懂得如何与自己相处的能力。这并不是说人们应当逃避竞争,它仅仅表明,一味地争强好胜、觉得自己应当比别人强等做法与想法毫无意义。要想帮助孩子克服自卑心理,最好的做法是完完全全地接纳他,重视他做的事情,不要让他觉得,只有自己更聪明或更漂亮,才会更加受人喜爱。孩子感觉到有人接纳自己,就会建立起自信心,开始努力做事。

## 如何帮助孩子培养自信

自信并不只靠他人的表扬或赞美获得,它还来自于人们取得的成就以及完成大大小小的各种计划时内心产生的愉悦,无论是成人还是儿童。在童年,自信心是通过行动,通过"做"来培养的。

许多活动本身就具有一种回报性,一种间接的奖赏性,它们有助于培养孩子的信心。一个孩子14个月大时学会走路,3岁时学会自己穿裤子，4岁时画出一幅"写实主义"作品，5岁时学会单腿蹦，6岁时可以进行一些球类运动，等等，这些肌体、社交与认知活动都属于此。

还有一些行为虽然本身不带有奖励性，但如果家长对其予以积极评价并且在一种相互信任的氛围中鼓励孩子去做的话，它们就可能变得具有奖励性。比如，主动帮助遇到困难的朋友，玩耍完后把玩具收拾整齐，帮忙做一些家务。这些活动没有一样会对自信心的培养起到立竿见影的效果，但家长和老师不妨把它们看成良好的辅助手段，因为孩子做这些事时会觉得自己很有用，帮得上忙。的确，面对新事物时，自信的孩子不会感到羞怯，而不自信的孩子却对此没有把握，哪怕是很小的困难也会让他们退缩。过于胆怯的孩子具有以下典型特征：

- 做事遇到困难时表现出犹豫不决，哪怕这些困难很容易被克服。
- 总是需要得到他人的保证。
- 做事时总觉得自己会失败。
- 经常求助于其他人。
- 预计自己做不成事。
- 过于安静，自我封闭。
- 一刻不停地问问题，哪怕答案很明显。
- 明显表现出对其他孩子的嫉妒之情。

以上这些特征，如果孩子占了3条以上，家长就该想想办法了。此外，在下面这些情况中，孩子的不自信更为严重。

- 大人期望太高。
- 孩子受到家长的严厉责罚或者目睹家庭暴力。

127

• 孩子的性格十分忧郁。

• 与孩子生活在一起的大人不自信、抑郁、自轻自贱。

• 家庭环境不安定。

• 孩子经常陷入一些负面情绪当中，如愤怒、嫉妒，害怕自己被抛弃或被拒绝。

自信心不强或者完全缺乏自信心的孩子面临一种特殊的风险：因为不自信，他们会避免参加许多集体活动，从而错过成长的机会。老师们该如何帮助他们呢？以下是一些方法。

• 孩子完成某件事时，老师要表现得很开心，强调孩子的成功并表现出对他们的信任。

• 举办个人或小组活动，创设情境，让那些最羞怯的孩子也能体验成功的感觉，让他们为自己或者所在小组的成就感到开心。先从简单的活动开始，之后一点点增加难度。

• 避免让孩子失败，不要让他们止步不前，像刺猬一样蜷成一团保护自己。老师要保证自己不能对孩子要求太严格，订的规矩也不能太苛刻。

• 有机会的话，在同事或者孩子家长面前表扬孩子会做这会做那，并让孩子能够听见。

• 持续地关爱孩子，不能忽冷忽热，要伴之以明确而不能有强迫性的规矩。这些做法能够保护孩子的自信心，带给他们安全感。

长大和独立是一个渐进而且并不轻松的过程。孩子对一切感到好奇，喜欢探索，但同时对于不了解和不能掌握的事又小心翼翼甚至心怀畏惧。他们想去做，但又怕做错。而我们的态度则起着决定性作用。我们可以用言行鼓励孩子，也可以让他们感到泄气；可以教会他们必要的能力去应对新情况，也可以加剧他们的胆怯与不自信。

# 儿歌

　　家长们，你们有没有问过自己，孩子为什么那么喜欢听儿歌呢？

　　孩子从出生时起就对人声有一种特殊的敏感，他们对言语和歌声的反应不同于对其他声响的反应。

　　人们如果仔细观察，就能发现：一个几周大的婴儿，当妈妈在他醒着的时候对他说话或者唱歌时，小宝贝会做出一些微小的动作来回应妈妈。显然，对于这些内容孩子一个字也听不懂，然而他却能被话语和歌声的音响、顿挫和婉转所吸引。每种语言都拥有丰富的声音与节奏变化，对孩子的听觉产生愉悦刺激，有时会引起他们的注意，有时又起着安抚和镇定作用，让他们安然入睡，摇篮曲就是如此。注意，当词语与旋律结合在一起或者词语能够押韵时，孩子会听得更起劲。跟着儿歌和童谣的节奏韵律，孩子会记住一些词语的搭配顺序和"套路"，虽然他们还不理解这些词的意思。这是因为孩子和词语的关系与我们成年人和词语的关系不一样。通常，词语之于我们是严肃的，我们用它们交流、写作、通知等；而对于年仅六七岁的孩子（甚至更大一点的孩子）来说，词语是生动活泼的，时而热烈，时而滑稽，时而令人激动，时而让人惊讶。孩子首先感觉到的是词语的声音、节奏等直接效果，而后才会去理解它们的意思。

　　总之，正因为孩子刚刚接触到词语，还无法很好地掌握和使用它们，所以,他们抱着一种玩乐和探索的心态使用词语,并未考虑它们的实际意思。比起我们成年人,孩子对词语的包容性要强得多。遇到很难的词, 他们会一遍遍地重复, 不厌其烦。有些词, 孩子虽然不懂它们的意思, 但也能予以接受并且用它们来做游戏——这里减个字, 那里加个字——玩着玩着,他们忽然发现了不同的意义或用法,一时间会感到喜出望外。

因此, 比起合乎言语规则的话语, 孩子更容易被儿歌、童谣、诗歌或者无意义的顺口溜所吸引。这些表达形式由来已久, 其中的词语用法非常自由, 孩子可以随心所欲地编造和搭配, 而大人往往不知其所云。内容上,想象与现实交织在一起, 一方面能够产生乐趣, 另一方面, 它们带有重复性,让孩子感到轻松快乐的同时也能逐渐学到一些最基本的语言表达。因此儿歌和顺口溜也是孩子学习另一门语言的最佳入门方式, 一来是这种方式轻松诙谐, 二来由于它们朗朗上口, 孩子因此可以记住成句的内容, 形成自己的语言储备, 在以后任何时候都可以拿来使用。

人们在研究语言学习过程时注意到, 对于学习外语的成年人来说, 学习一些整句的口语表达、理解句子的整体意思而非单个词语同样是一种非常有效的学习方法。准确的理解放在之后进行, 一开始先去接触言语形成的特定声音环境, 正如小孩子用"新鲜"的思想去理解某种特定场合一样,这种"无知者无畏"的状态能够帮助人们迅速地学习语言。所以, 我们可以任由孩子运用他们的语言学习方法、编造那些可笑的顺口溜、吟唱那些让他们乐在其中的儿歌童谣。值得一提的是, 爱尔兰"五行打油诗"就是这样一种文学体裁, 其中使用的词语往往没有实际意义, 但其中的押韵内容却能让人回忆起无忧无虑的童年时光。

# 恐惧症

恐惧感能够帮助人们预知危险并做好应对准备，恐惧症则不然，它是一种恐惧感过度的病态反应。的确，走路时要小心跌倒，这个道理自然说得通，可是为此而不敢上下楼梯就太过分了。同样，害怕毒蛇是正常反应，但也不能只看到它的标本就感到万分惊恐。

每种恐惧症的渊源都与患者个人经历有关。它们开始于生命中的某个具体时刻，通常多与某次惊吓、某种后天习得或者对某人的惧怕有关。

各类恐惧症有其高发年龄段，这一点则与个人经历关系不大。

所谓的单纯性恐惧症，或者单一恐惧症，恐惧对象可以是动物、血液、雷声、黑暗以及牙医等。这类恐惧往往与患者个人的童年经历有关，有些在患者成年后会继续存在。对动物的恐惧最先出现，而后是怕黑、晕血、怕看牙。

社交恐惧症则是典型的发生在青少年身上的问题，通常出现在11～18岁，表现为害怕当众讲话，害怕被人注视、评论或开玩笑。

多重性恐惧症或者复合恐惧症，如广场恐惧症（害怕露天场所、过马路等），发病时间较晚，约在20～30岁。通常，这个年龄的人由于学业或工作原因开始谋求独立，他们更乐于换一个环境，遇事不再征求家里的意见，独自应对一些并不利于自己的局面。

最后是幽闭恐惧症，表现为对封闭空间的恐惧，这种病症的发病年龄跨度很大，从 6 ~ 7 岁到 30 ~ 34 岁均有可能。的确，有的幽闭恐惧症是单一型的，有的却会随着时间的推移演变为广场恐惧症。

各种研究也表明，人在某些阶段里会更容易因为一些事而变得焦虑，也更容易患上某些恐惧症。了解这些内容，多多少少对我们有用处，它能帮我们理解一些情况。比如，孩子在某些年龄段更容易"习得"相应年纪里特定的恐惧。再比如，受到惊吓后的一段时间里，恐惧是会进一步加深还是逐渐减退，取决于人们的做法。人在受到某种惊吓后，如果能在之后的一段时间里重新面对那件对他造成惊吓的事，就不太可能患上恐惧症。对于出过飞行事故的飞行员，建议其尽快开始下一次飞行；对于从马背上摔下来过的人，最好的建议是让其再次上马。同样，如果孩子被小动物吓着了，家长应当鼓励孩子尽快重新去和小动物接触，避免这种惊吓发展成恐惧症（为保险起见，可以让孩子信任的人在边上看着）。反之，如果对某种引起不适的情况一而再、再而三地逃避，这种不适就会逐渐发展成为恐惧症，因为这种做法给了想象力发挥的余地，让人臆想出一些并不存在的危险。

## 恐惧症分类

美国精神医学学会出版的《精神疾病诊断与统计手册》（第三版）将恐惧症分为三大类：

**单一恐惧症**，恐惧对象单一，通常由物品、动物或某种特定场景引起。例如，对蛇、刀、高处、灰尘、水等强烈或不合理的恐惧。

**社交恐惧症**，因他人的存在而引发。例如，患者无法在公众场合讲话，无法参加考试，害怕走进有他人在场的房间，不敢去餐厅吃饭，甚至会出现被他人注视时就写不出自己名字的情况。

**广场恐惧症**，有人称之为"对恐惧的恐惧"，因为这种恐惧对个人生活的影响会随着时间逐渐扩大，乃至让人永远处在一种警戒状态，是一种与空间有关的复合型恐惧。露天场所、人群密集处以及公共场所都是患者极力避免前往的地方。

对这些恐惧症的诊疗需要视其种类、发病年龄以及病症持续时长等情况而定，如心理疗法、行为疗法、认知疗法、药物干预或多手段联合疗法。

# 兄弟姐妹

孩子们在学校上课，放学后和小伙伴玩耍，回到家与兄弟姐妹们相处。他们学着在不同角色之间切换，学着去理解各种场合中他人的意图。每个人在兄弟姐妹中的地位对于其童年有一定的重要性，尽管还有很多其他因素影响自身发展——自己的形象，以及对于其他人的预期。

孩子在家里的排行影响着他们的性格，同理，独生子女、双胞胎或者兄弟姊妹众多的孩子性格也都不一样。

例如，在家里排行老大的孩子往往比较心细和懂事；但是，他也会对自己的弟弟妹妹心生嫉妒，尤其是对老二，因为这个人的到来使自己变得不再是父母的唯一。老大的这种嫉妒会表现为殴打弟弟妹妹或者对他们不予理睬，可是有的时候，他又忍不住去保护弟弟妹妹，和他们在一起开心地玩耍。的确，孩子从"唯一"变成"老大"时会感到些许失落，需要重新调整与父母的关系，但是这种新身份也不无益处。排行老大的孩子会觉得自己年龄更大、更加强壮、更有能力。在之后的岁月里，这种感觉也不会改变。

对于老二来说，情况就不一样了，这要看家里的气氛。一般来说，老二对老大的感情往往十分矛盾。有时，他会羡慕哥哥姐姐并且想变得和他（她）一样（哥哥姐姐有玩具而他没有时，或者不能像哥哥姐姐一样得到某些机会、取得一些成绩时，他会感到伤心难过），有时却会向他们发起挑战，试图"造反"。

"虽然姐姐大我两岁，但是小时候，我总是去撩拨她，冷不丁就动手打她，"一个家里排行老二的孩子这样讲述，"她喊着'打不着！打不着！'跑进了卫生间，把自己关在里面，然后号啕大哭。小的时候，我总是满怀怨气，因为我是家里最小的女儿，总是处于所有人之下。"

在"屈居次要"之前，老二至少有两种姿态可以选择：要么和老大"同台竞技"，尝试用这种方法与其平起平坐（不过因为年龄差距，老二很少能成功），要么就根据自己的个性特点，培养与老大不一样的志趣情操，力求朝与其不同的方向发展。

家里如果有三个孩子，那么老二的处境则最特殊。这个夹在中间的孩子，常常会感觉自己毫无优势可言。父母觉得他不如老大——老大是孩子里管事的那个，要保护弟弟妹妹，有点家长的样子——对他又不像对宝贝疙瘩老三那样宠爱。因此，老二有时是家里最不听话的，更容易调皮捣蛋，长大后离开家去寻找自己的空间。

而一直都是家里老幺的孩子，有时会觉得自己永远是家里的宝贝。这种地位可以让他不用承担家里的任何责任，也不去完成什么任务。

尽管兄弟姐妹们可以齐心协力，遇到麻烦时彼此能互相帮助，但是，生活在同一个屋檐下，他们还是会暗中较劲，你争我夺。

兄弟姐妹之间的竞争形式十分多样。埋怨对方、互相发火、仇视彼此，或者采取一种戏谑的态度去试探对方。争吵也是一种手段，争吵双方能通过这种方式表达看法、学会为自己辩护，争吵之后也可以重归于好。

当然，家长的态度很重要，他们能否处理孩子之间的矛盾、是否偏心、会不会把孩子的优缺点拿来比较等做法，都会对一些问题起到缓和或者激化的作用，进而影响孩子之间的关系。

孩子们对于父母的偏心非常敏感，当孩子觉得自己不受重视或者父母对他不如对其他兄弟姐妹时，会感到非常痛苦，有时甚至会产生报复心理。

## 二宝来了

家庭并非一种静态实体，而是一个演变过程。这是什么意思呢？它是指家庭结构会随着岁月发生改变。孩子的出生，改变了家庭人口数量；时间的流逝，改变了人的年龄以及家长与孩子之间的关系。一般情况下，当两个年轻人决定结为夫妻共同生活时，家庭也就成型了。这个决定带着两个人走进生活的新阶段，却也需要双方做出一些调整、一些妥协，甚至需要他们放弃一些东西。第一个孩子的到来也标志着两人生活的第一次重大变化。他们要接受自己的新角色——为人父母，这给他们的生活节奏带来了翻天覆地的改变。

如果之后又有其他孩子出生，家长就需要再做出新的适应。的确，家里多一个人或少一个人，生活都需要重新安排。二宝出生后，家长同样也要关心大宝，不但要帮他做好准备迎接新生儿，还要对他多留心，免得孩子妒火中烧。所有的大宝都是嫉妒二宝的，因为二宝的到来抢了他的风头，剥夺了他从前的中心地位，要知道，他以前可是集父母宠爱于一身的。不过，如果大宝能够参与到这件家庭大事中并为此做好准备、负起责任、为自己成为"大哥"感到骄傲的话，就能慢慢调节好二宝出生给自己带来的心理落差。

二宝的出现对于大宝来说是一场危机。母亲离开家，离开他，去往医院。之后，每当母亲给二宝喂奶、照料二宝时，大宝也都会感到难受。早在母亲怀孕时，一个问题就开始在大宝们的脑海中萦绕："他们想再要一个孩子，是因为他们不喜欢我吗？"又或者："这个弟弟（妹妹）会抢我的玩具吗？"这时，妈妈可以让大宝参与进来，比如给二宝洗澡的时候让大宝"帮忙"，又或者鼓励大宝多陪陪二宝。

"别过来啊！""别碰！""小心，别伤着他！"这些话，家长尽量不要对大宝说，除非真有必要。作为家长，我们这么说只是想让他离远一点，但是孩子会觉得自己被排除在了家庭之外。家长的这些叮嘱原本出于好意，可如果表述不当，就会把手足变为仇敌。倒不如让大宝为二宝做点什么，大人可以在一旁看着，以防大宝伤到二宝。

不要因为孩子嫉妒就骂他或打他。这种情况下，嫉妒是一种正常反应，它应当被正视并且被看作是正常的，许多人身上都会出现这种情感，就连孩子父母本人（或者爷爷奶奶）也有嫉妒自己弟弟妹妹的时候。不过，这些反应都是一时的，特别是当弟弟妹妹成了自己的玩伴时，孩子就会克服这种情感。

如果可以，一开始尽量不要让大宝腾出一部分生活空间给二宝。这需要时间。接下来的几个月，婴儿频繁的夜醒搅得大人不得安宁，大宝也一次又一次闯入父母的房间查看究竟。挨过这段日子以后，当家长问大宝愿不愿意让弟弟去他的房间里住时，往往会得到热情的肯定答复。从这时起，兄弟俩真正变成了与父母大人有别而同属一类的"孩子们"。

在帮助大宝克服对"侵略者"的仇视心理时，父亲的作用非常重要，特别是当母亲忙于照看婴儿时。虽然孩子的爷爷、奶奶、姑妈等人也可以担任这一角色，但是如果孩子能够单独与父亲在一起聊聊家里的事情，比如妈妈和新生儿出院回家以后生活会发生哪些变化，新生儿如何成长等，他们会感到非常自豪。

新生儿的到来改变了原有的家庭生活重心，孩子因此而感到嫉妒是很正常的。不过，当他发现父亲愿意陪伴自己时，这种感觉就会大大减轻。"二宝女儿出生时，"谈起大宝时，一位父亲这样说，"我知道这对他来说意味着什么，因为我也是家里的老大，当初弟弟出生时我也挺难受的。那段时间里，我天天陪着他，他对此感到非常自豪。我们在一起聊了许多，也聊到了他对妹妹的嫉妒，我对他说这种感觉是正常的……我还告诉他，我也曾经嫉妒过我弟弟。我告诉他这些都会过去。另一方面，孩子也能看到我和我弟弟经常来往，我们兄弟俩的关系很好，这样一来，他也就相信我的话了。"

经过这样一番交流，大宝就会转变态度，和父亲一起购置物品，做一些准备，期待着迎接母亲与新生儿回家。父亲也可以不挑明这件事，只要能多关心大宝，多陪陪他玩儿就行。

# 双胞胎

　　双胞胎的关系被形容为"心有灵犀"，两个人常常对彼此的想法、情感、愿望甚至秘密都拥有神秘的第六感。他们的故事告诉我们，当两个人的界线有些模糊时——共性抑制了个性、依赖阻碍了独立——会发生哪些事。

　　许多双胞胎常常对彼此的想法心照不宣，做游戏时常常互换角色，在某些同样的时刻产生同样的想法。两个人不仅在外表和神情上相似，甚至还会拥有一个伴随自己的"第二个我"（意即一个人与自己的孪生者彼此不分）和一种长时间存在的"双人身份"。

　　一种复杂而又神秘的关系由此勾勒出来：强烈的双人身份抑制了个人身份的形成；心心相印的快乐与对自由独立的需求相互抵触；既有相亲相爱、互帮互助，又有针锋相对、你争我夺。

　　从下面的对话当中（来自一项对同卵双胞胎兄弟明明和亮亮为期20个月的研究，该研究记录了两人从5岁零9个月至7岁零3个月的生活）浮现出一些关于双胞胎的常见现象。

## 融合

　　明明和亮亮对发生在彼此身上的事情有很强的参与性，两人似乎有着同样的感觉：一个人难受，另一个也会跟着不舒服。某件事即使发生在一方身上，另一方也会"感同身受"。

### 对话 1

妈妈数落明明："你要自己动脑去想事情，不能被别人牵着走。一个人得用自己的头脑。"

明明："但是我可以用亮亮的头脑，亮亮可以用我的。"

问兄弟俩其中一个"你叫什么名字"时，明明和亮亮的回答通常是"明明亮亮"，有时候人们不明白，他们这么说，是因为误以为别人在问他们兄弟俩彼此怎么称呼对方，还是只是觉得这样很好玩儿。另一方面，他们也常听大人或其他孩子用复数形式称呼他们（"那哥俩"或者"明明亮亮"连起来）。结果就是，他们自己说话时也往往爱用"我们"做主语。不过与此同时，他们也常常对人们把他俩当成一个人这件事感到不满。

## 区分

### 对话 2

学校里，一个同学看到明明先走进教室就喊道："明明和亮亮来了！"

亮亮还在教室外面，还没有人看到他，他生气地喊道："你看，进去的是明明，但是他们却说'明明和亮亮'。"

明明和亮亮通过强调他们外表上的差异来区分彼此，在行为上寻找不同的细节。当他们争取某项权利、争夺某件物品时，就会突出自己的个体性。

对话 3

明明和亮亮两个人都感冒了。

明明："我感冒了。"

亮亮："我也感冒了。"

明明："妈妈，我和他的感冒不一样，对不对？"

亮亮："一样的，我也是感冒。"

明明："是！但是我的更严重。"

最后，两人从拌嘴变成了打架。


## 对称

明明和亮亮一直都非常重视平等。对他们来说，"平等"非常重要，是保持两人和睦的条件之一。两人在任何事上都要求平等，给他们的东西得一样，说给他们听的话得一样，为他们做的事情也得一样。


对话 4

两个孩子在看新鞋子。

明明："亮亮，你的鞋上中间有道道儿。"

亮亮："是啊，你的上面有字母。"

明明："嗯。"

亮亮："那我们就是一样的。"

双胞胎之间时不时就想在一起比些什么。早餐、下楼、穿衣、玩具，一切都可以拿来比较。这种竞争有时只是为了开心，而有时却是孩子在寻求超过对方。

对话5

两个孩子正在穿衣服。

亮亮："今天我要先下楼。"

明明："嗯……你还得穿裤子呢。"

亮亮生气了，可是不管他多么迅速，明明已经先穿好衣服了。为了不让俩人吵起来，妈妈说道："明明，等亮亮穿好衣服，然后你俩一起下楼！"

亮亮："我不想一起下楼，我要先下去！"

那些凡事都要求绝对平等的双胞胎，他们的父母和朋友有时会改变这种对称，从而造成两人相互嫉妒。

对话6

两个人在公园里和一个小朋友一起玩。

突然，明明推了亮亮一把，亮亮摔倒了，另一个小朋友就开始打明明。三个孩子打了起来。妈妈过来问怎么回事。明明回答道："我推亮亮，因为他和那个小朋友玩得多，和我玩得少。"

## 优越感

精神病学家乔治·恩格尔是双胞胎，对于双胞胎的优越感以及一对对"高度默契"兄弟之间的融合与对照，他做了这样一番描述：

"我们俩有同样的穿着，同样的物品，从出生时起，我们俩在一起的时间比和妈妈在一起的时间还要长。我认为，与双胞胎兄弟的肢体接触减轻了父母不在身边的痛苦；与此同时，这种亲密无间也突出了我变得越来越像我兄弟的意愿和好处。小时候，我们俩的语言能力和社交能力都比同龄人发展得更迟缓。同许多双胞胎一样，我们俩曾经也有一套'密语'，后来我俩渐渐长大，它也只剩下了一些只言片语。我们俩从来不叫对方的名字。从两岁时起，我们管对方叫'分身人'。过了几年简化成为'小分'，最后则干脆成了'分'。这个称呼既能让我们俩彼此区分，又能让我们保留与其他人不同的双胞胎身份，可谓两全其美。双胞胎的优越感最令旁人羡慕，他们觉得双胞胎彼此有伴，在一起不会有矛盾。这种'自恋'给双胞胎的分离构成了强大阻力。我们俩小时候常常得到家里大人的夸赞，长大一点又发现可以凭这种身份'糊弄人'，这些都增强了我们的优越感。"

因此，双胞胎常常觉得他们面对外界时是非常强大的。他们永远不是独自一人；他们可以互相保护，这给了他们一种独特的力量。

## 合作团队

双胞胎做事往往是团队合作，两个人聚集力量去做一个人无法完成的事情。心理学家雷内·扎佐在他的著作《孪生悖论》中提到了一对双胞胎的故事。兄弟俩一个擅长数学，一个擅长哲学。高中毕业考试的时候，两人利用外表相似这一点互相帮忙，从而双双通过考试，而且他们这两门科目的成绩还一模一样。面对他人对这一做法的质疑，兄弟俩以典型的双胞胎逻辑辩称："我们俩可是双胞胎，哪有不一起升学的道理呢？"

## 风险与特点

如果双胞胎两人非常自闭并且对外界竖起屏障，他们就会渐渐变得孤僻、排外。双胞胎之间的默契让他们变得不太在意旁人的看法和要求，对大人的教导与外界的影响反应也不那么积极。不认同（或者极少认同）大人的行为，而是彼此互相参照，互相"刺激"与"熏陶"，这一点尤其体现在语言上。双胞胎之间存在"密语"的情况并不少见。两个人打着手势，嘴里叨叨着一些自己创造出来的说法，久而久之他们就会与家人产生隔阂。不过，许多"密语"的形成与否也取决于家里人之间的交流方式。

双胞胎的另一个独特之处在于他们的角色划分。多项研究显示，双胞胎中往往有一个是"大哥（姐）"，另一个是"小弟（妹）"。不论在异卵双胞胎还是同卵双胞胎中，都存在这种情况。当双胞胎两人的性别不同时，女孩容易把她的兄弟当成"孩子"去照料。除此之外，还有其他角色划分：一个喜欢思考，另一个喜欢运动；一个"主外"，另一个"主内"。

对双胞胎孩子来说，"自己是双胞胎"这件事代表着一种力量：有人做伴；两个人团结起来会比其他小朋友们强；可以默契行事互帮互助，其他人则没有这个机会。因此，双胞胎们常常会有一种"自给自足"的感觉。而当两人分开时，这种"无敌"属性也会随之消除。

## 分离

在明明和亮亮（前面提到的双胞胎）所有关于未来的打算里，"在一起"永远被摆在第一位。

对话 7

兄弟俩在聊天。

亮亮："你喜欢昨天见到的那个金色头发的女孩吗？"

明明："喜欢啊！"

亮亮："我也挺喜欢……可是你还记得吗，咱们俩谁都不能结婚，否则咱们俩就分开了。"

明明和亮亮分开了三周时间，原因是亮亮生病住院，而医院又离家很远。这件事让我们看到了两人对分离与疾病的反应。

分开的第一周里，亮亮并没有说过想念明明的话，只是在收到礼物时会问有没有明明那份。与以往不同，他变得非常安静，寡言少语。

第二周快要结束时，他开始不断询问可不可以给明明打电话，只有大人答应后才能让他安静下来。

到了第三周，亮亮恢复了往日的活泼好动，常常向其他病人提起明明。刚一接到出院通知，亮亮就想立刻回家去见明明。得知自己还要再等一天时，竟然号啕大哭。

第二天，明明来医院了，亮亮一见到他就扑了上去，兄弟俩抱在一起说了好多好多话，完全不理睬其他人。很快，亮亮就带着明明挨个病房走，把他介绍给所有自己在医院里结识的人。

在这三周里，明明总是毫不掩饰地说自己想亮亮，一个劲儿地说要去医院看亮亮。每天，他都会给亮亮写许多小字条，内容都是自己多么想念亮亮、对分离感到难过以及盼着再见到亮亮。虽然他在家和在学校时还是像平常一样爱说话，但是行为举止却变得平静了许多。

146

这段时间里，明明更加用功，学习也有了进步，周围的人都注意到，明明变得更加懂事了。


## 青春期

进入青春期，当双胞胎越来越意识到每个人都应当独立发展、谋求自主时，他们的关系就会出现问题。如果两人不能在这段时期里变得独立，那么，对彼此的依赖就会把两人"拴"在一起，再也无法分开。

从自己的兄弟身边"挣脱"出来并非易事。通常，在青春期初期会出现分离企图与实际行为。率先发难的可能恰恰是"听话的"或者"小的"那个，因为他受不了再被另一方管着。

随着一天天长大，双胞胎也越来越不能忍受别人分不清他俩或者总是被像看珍奇物种一样看待，彼此感觉对方妨碍了自己。进入青春期，他们迫切地想要与那个和自己拥有同样想法和爱好的人保持距离。这种心理负担和对彼此的矛盾情感往往是下意识的。


## 在家中

双胞胎家庭中家人间的相处模式与普通家庭不同，这与人的精力和心情有关。首先，在行为上，双胞胎的母亲没有那么多时间，所以只能先管好孩子的吃喝拉撒。有的双胞胎是早产儿，或者出生时体重过轻，这样的孩子可能就要喂得勤一些，健康问题可能也要比普通孩子多，哭得也更多一些。

因此，双胞胎的到来会打乱家里原有的生活节奏，挑战父母的神经。如果家里除了双胞胎之外还有其他孩子，那么母亲就得整日忙于家务，根本没时间照顾双胞胎，更别说陪他们玩耍了。其实，家长应当重新分配时间，争取时不时单独地陪陪每一个孩子。

对话 8

明明和亮亮两个人在吵闹，妈妈吓唬着说要打他俩。

明明对妈妈说："你说过，'孩子不能打'！"

亮亮冲明明使了个眼色，说道："我打赌，妈妈接下来会说……'除非到了一定程度'！"

双胞胎们有彼此撑腰，从来不怕当面否定大人的权威。

双胞胎的这种默契与排外有时也会得到父母的支持，他们觉得两个孩子互相做伴、互相保护是好事，于是就会有意无意地用不同方式来强调这一点：给孩子取成双成对的名字，穿一样的衣服，对外人说他们是双胞胎，给一样的玩具，责骂时也两个人都带上。由于双胞胎在一起时比较安静，父母常常让他们睡一张床。

## 拆散双胞胎?

双胞胎的父母和老师们经常会问自己：到什么时候就可以开始"拆散"双胞胎了呢?

毫无疑问，虽然两个人一同成长益处多多并且能够带来团结，但是，当双胞胎进入青春期乃至长大成人后，他们必须离开彼此去结交他人、置身于更大的社会环境中，这就需要从小为孩子们创造独立的机会。

不过，创造独立的机会并不意味着要否认孩子们的双胞胎关系，完全可以在不剥夺孩子们共处乐趣的同时让他们逐渐摆脱对对方的依赖。

当然，放之四海而皆准的方法并不存在，因为每家的情况不一样，孩子们也都不一样。虽然都是双胞胎，可也要看是同卵还是异卵、同性还是异性，这就带来了进一步区别。总的指导意见是，避免过分强调孩子们的双胞胎身份。具体到实际做法上：不要让孩子们睡一张床；不要让他们利用长得像的特点去"忽悠"别人；不要称呼他们为双胞胎；所有那些需要让他们分头行动的事情，哪怕只是一小会儿，家长都要予以支持，这会让他们逐渐意识到，自己与对方既是一对组合，也是两个独立的个体，从而培养他们的自主性；鼓励孩子各自结交朋友，帮助他们解决在一起时的问题（互相猜忌、彼此仇视），以免两个人的感情出现裂痕，尤其是当孩子处于青春期时，否则他们也许会心生愧疚，从而影响到各自的独立。孩子的父母、亲戚乃至其他邻里熟人都可以花点时间与每个孩子单独相处和交谈。一开始，家长就要避免给双胞胎们完全一模一样的物品（衣服、玩具等），尽管这往往是孩子们要求的。有些家长能够看出孩子们小小的不同并对此予以表扬。还应当避免把两个人分出"大""小"，大人的这种区分方法可能会给孩子造成强烈的心理暗示。

如果双胞胎两人的性别不一样，那么他们之间会更有可能形成一种"等级"，因为两个人在成熟程度上的确存在差异。小时候，女孩一般更为成熟，而男孩则更容易被她管着。当这种现象十分明显时，父亲可以找时间单独与男孩相处，这样一来，男孩会因为父亲"只陪着他"而感到高兴。话虽然这么说，但是父母们也要注意，不能出现"各养各的"的情况——父亲管一个，母亲管一个——这种做法的初衷，只是为了不让两个孩子过分依赖彼此。


## 班上的双胞胎

要不要把他俩分开？这是双胞胎开始上学时摆在人们面前的第一道难题。

关于这个问题没有标准答案：这种情况下，最好的策略是不采取任何策略。大人不能采用一套固定、僵化的方法，而是考虑孩子的实际需求。

可是，怎样才能确定哪种做法对孩子更好呢？

需要综合考虑利弊，尤其是要灵活。例如，双胞胎们可能有他们的一套交流方式，从而影响了正常语言能力的发展；或者两人当中有一方处于主导地位，永远压着另一方，导致其无法施展个人能力。在这些情况下，就可以考虑把孩子分到不同的班级中去。不过这么做可能会让两人备受煎熬——即便他们属于第二种"主导 – 从属"关系——大人对此不能掉以轻心。类似情况可以采用经验主义做法：先试验一周，观察一下孩子的反应，然后再做决定；或者可以参考一下孩子们在幼儿园时的做法。不过，是否需要把双胞胎分开，很多时候也取决于班里的教学方法。我这里有一个三胞胎姐妹的故事。三姐妹 6 岁时去了一所只有两个班的小学上学，没有被分开。三个人争强好胜，互不相让。为了应对这种局面，老师尽可能地让三姐妹各做各的事，尽量减少三个人在一起的机会。一开始，三个孩子不愿意分开，其中一个去洗手间的话，另外两个也要跟着，在班上也要挨着坐。双胞胎乃至多胞胎一个自相矛盾的地方就是，虽然他们想被当成独立的个体并且被区别对待，却又要求得到同样的关怀，因为他们对"偏心"这件事非常敏感。渐渐地，三姐妹们既学会了自己做事，也学会了与班上的其他同学合作，并且和他们成了好朋友。

总之，双胞胎同班绝对不是什么怪事，与其他一些事情一样，只要多加留心并给予一点耐心，是能够处理好的。

附上一个小小的行为守则作为参考。

• 重视双胞胎们的区别，承认并鼓励他们的个性。人们很容易把他们看成一个集体，叫他们"双胞胎"，尤其当他们是同卵双胞胎时。

• 单独叫他们的名字。

• 如果是同卵双胞胎，人们应当尽力去发现他们在外貌和行为上的区别，哪怕这些区别很小。这有助于分清他们，不至于经常认错。

• 避免区分两个人谁大谁小。大人的这种区分方法可能会给孩子造成强烈的心理暗示。

• 保证两个孩子有各自的作业记录，教师要给每个人都写上评语以及对家长的建议。

• 如果条件允许，教师与家长的谈话也应当分开。最好是与父亲谈一个，与母亲谈另一个。

• 鼓励孩子各自结交朋友。

• 创造能让孩子分开做事的机会，但注意不要过于频繁或刻意。

• 不要比较两个人的长处或短处。

• 轻松面对孩子们是双胞胎这件事，把它看成一件很普通的事。有的人有哥哥，有的人有弟弟，有的人是独生子女，还有的人有和自己一样大的兄弟姐妹……

# 玩积木

在这个电脑和游戏机当道的时代，积木之所以仍然能够与之抗衡，在于其本身的一些特点：符合 1 ~ 6 岁及之后年龄段儿童的发展需要。下面我们来简单看一看，积木这种长盛不衰的玩具都有哪些优点。

玩法多样。孩子们逐渐成长，积木也伴随着他们一同成长。积木的结构不是固定不变的。没有所谓的正确玩法或错误玩法，积木培养的是想象力与创造力。积木该怎么玩，孩子自己说了算，不用像他们在玩包含严格预设程序的玩具时那样，受限于他人制定好的方案。

**为数学推理能力打下基础。**每套积木都有其比例安排，这有助于孩子的早期数学能力发展。比如，长方块的长度是方块的二倍，那么用两个方块就能拼成一个长方块。类似的发现也会出现在对积木厚度、宽度、形状的考量中。随着孩子逐渐发现这些比例关系，他们对于物体间联系的认识也会不断提高。

**培养孩子的空间概念。**孩子能够学会在他搭建的空间（城堡、围墙、村庄）里移动而不碰倒积木块。他们还能学会保持积木块的平衡，把它们搭成承重结构，摆出一些支撑造型，充分利用不同形状和大小的建筑特征。

**促进合作。**两个或两个以上的孩子用同样的积木搭建共同目标时，他们就要互相商量，互相帮助，组队合作。3 ~ 6 岁的孩子虽然在人际交往上还存在一些困难，但当他们一起玩耍时却能轻易克服这些问题，要想让游戏进行下去，他们必须达成一致。

6 岁之前，孩子玩积木的方式会依次经历 7 个阶段。随着孩子经验的不断丰富，他们搭出来的作品也会变得更加复杂、更加有叙事性。

**"抓-扔"阶段。** 7 ~ 12 个月时，孩子可以移动积木块，把它拿到嘴边，把它从一个盛放容器里拿出来放到另一个里，可以举高它、扔掉它、滑动它，如此往复。他们还可以让两块积木相撞，或者把积木推向其他物体或人。这个阶段孩子在用感官进行探索。对于这个年龄段的孩子，积木块一定要足够大，以防孩子误吞。

**"堆叠"阶段。** 2 ~ 3 岁时，孩子会花许多时间把积木堆成摞然后再推倒，或者把积木块一个挨一个放在地上，摆出"道路"或"阵型"。在这个阶段可以使用那些木质或硬纸壳制成的"砖块"，因为它们更易于操控。这类积木有助于孩子运动能力的发展以及空间概念的形成。

**"连接"阶段。** 当孩子把一块积木横着摆在两块竖起来的积木上面时，他其实正在学习如何掌握平衡。孩子通常在 3 岁左右发展到这一阶段。他们反反复复地研究各种平衡问题，乐此不疲，一会儿挪挪底下，一会儿摆摆上边，再随便抽走一块儿，看看搭好的积木会不会塌……

**"搭围墙"阶段。** 孩子会试图弄清何时需要转动积木才能在地上搭出椭圆、方形或者圆圈形状。他们会不断地尝试、打量、调整。在这个阶段中，扁平、长条形状的积木块更适合孩子。

**"造型"阶段。** 在这个阶段，孩子乐于搭出结构稳固并且外观对称的积木造型。有的甚至还会运用一些建筑装饰元素——例如，堆塔楼时在顶部放一块三角形积木——以及表现出对外观细节的重视。

**"初级表现"阶段。** 4 ~ 5 岁时，孩子开始给他们搭出来的积木造型命名，但只有在完成时才会这样做。这是一个试验阶段，孩子开始搭的时候并不知道成品会是什么样。他们先搭出一些形状，然后再看看它们像什么。

**"表现"阶段。**这个阶段孩子的意图就很明显了。他们会在开始时就想好要搭什么，头脑中有一个计划。他们往往会重现自己熟悉的场景，如车库、学校、游乐园、医院等，有时还会搭建童话中的城堡或虚拟城镇。最后这一阶段可以持续数年（一直到孩子 8～9 岁时），孩子搭建出的结构会愈加复杂，内容也愈加丰富。

通过玩积木，孩子们可以重现和表达自己的经历，开发思维，拓宽思路，解决难题，获得自信，与人交往，他们可以骄傲地指着搭好的积木对别人说："这是我搭的！"家长们，去阁楼里翻一翻、找一找那些淹没在童年玩具堆里的积木吧……

## 大人的角色

大人的任务是帮助孩子搭积木，可是如果大人参与过多，就可能会让积木游戏的好处消失殆尽。

• 家长和老师可以创造适宜玩积木的环境，找一处安全宽敞的地方。

• 如果孩子们搭着搭着发现进行不下去了，或者彼此意见不合时，大人可以鼓励他们去寻找解决办法（而不是大人给出解决办法）。"有没有别的地方能让你放下这块积木，而不用把亮亮搭的塔楼推倒呢？"这种提议式的问题可以拓宽孩子的游戏思路，帮助他们寻找新的解决办法。

• 大人不要"多管闲事"。不要变成我们替孩子搭积木、孩子在一旁跟着学。如果我们一味地让孩子模仿，孩子虽然能够搭出一模一样的作品，但他却学不到任何东西。要想有所收获，孩子（和我们一样）需要那些让他自己发现解决办法的时刻——啊！原来是这样！这些时刻宝贵而神奇，我们对此应当了解并尊重！

• 让有经验的人帮我们挑选适合孩子年龄的积木。最好是木质的，这种天然材质的比重、弹性和大小（相对于重量）都是十分理想的。

# 游戏与娱乐

## 童年游戏

　　大自然母亲赋予她的幼子们强烈的玩耍天性，这是因为，要让孩子接触他所不了解的事、克服初始的恐惧与羞怯，"玩"是一种最为轻松与灵活的方法。人在玩耍的同时可以学习知识、放松心情、感到快乐、练习社交。换句话说，玩耍是一种有效而且自发的成长方式。真的是这样，如果孩子小的时候没有充分玩耍，那么长大以后他可能会显得笨手笨脚、易怒，而且不太爱和人交往。

　　孩子们在哪里都能玩儿，什么都能玩儿。不过，游戏各有各的优点，它们反映了孩子的年龄、需求与世界观。

## 肢体游戏

　　孩子0～2岁时，任何活动或行为都可以成为玩耍的理由。小宝宝在大人给他换衣服、喂饭、洗澡时都能发现乐趣。他可以玩自己的手，玩别人的手，玩脚，玩词语，玩水，玩沙子，玩东西。这些行为被称作练习游戏，这一定义被用来描述那些能帮助孩子掌握新技能的娱乐活动。

一开始，孩子什么事情都要学，因此他需要去探索、触摸和观察那些对我们来说显而易见，但在他看来却一点也不明白的物体或事情。比如，洗完澡之后，水去哪儿了？那个漂亮的漩涡是什么？孩子也会被冲到下水管道里吗？这个小谜团就要靠玩耍去解决。

随着孩子逐渐长大，游戏中需要动脑、说话、想办法的地方也不可避免地多了起来。儿童的智力是具体的，即孩子要想学会一项本领，不能只是看或听，还要去行动，一遍遍地做，纠正。孩子们不会浪费任何一个能够锻炼肢体能力的机会。哪怕只是一次简单的散步，都有可能变成一种练习游戏。孩子在路边的矮墙上行走，遇到间隙"必须"跳过去，否则就是"输了"，然后在一个长椅上躺一会儿，再从上面跳下来，然后向前跑。一路上，有的地方可能结了冰、变得很滑，路上可能会是逆风，也许还要跳过一些小水洼。孩子在玩耍时还能锻炼动手能力，就像画手指画、系鞋带或者剪纸时那样。

那些活动较为剧烈的游戏如追逐、跳跃、攀爬、翻跟头、连续旋转等，孩子不仅能从中获得乐趣、掌握本领，还能够表达个性，培养自信、勇气和自控力。这些游戏成了许多上学前班的孩子日常生活的重要组成部分，尤其是在他们已经安安静静地坐了一段时间之后。抢夺玩具的行为也属于这一范畴，不要把它与攻击性混为一谈。通常，孩子闹着玩时，脸上是带着笑容的，最多是佯装生气，而真正打架时，他们的表情会十分阴沉。

8～12岁的大孩子同样喜爱活动身体。在这个年纪里，围坐在桌前听大人谈论物价或讲述经历毫无趣味可言。坐在电视机前看节目也远不如和小伙伴们在外面玩耍有意思，只要可以跑啊跳啊就行。孩子在这个年纪喜欢活动，愿意去有意思的地方，热衷于参加富有挑战性的集体活动，想要去体会不一样的时光与生活节奏。有的孩子正是在这个年纪里开始和其他孩子一起参加暑假集体活动或露营活动。如果家长能让孩子该玩的时候由着性子去玩，那么也就更容易让他们在该听话的时候听话和守规矩。

青少年同样喜欢冒险与活动，尽管青春期里他们会花更多时间与朋友聊天。在此之前，这种语言能力并未得到充分发展。通过说话，孩子们能更好地了解他人，融入自己所属的集体，尤其是能够发现自己的身份并得到他人的认可。这个过程中同样存在乐趣。

## 我们来假扮……

戏剧游戏可以在孩子 2 岁左右时进行。孩子的想象力日渐丰富，会开始假扮一些不存在的人或物，想象着做一些大人能做的事，比如开火车或者飞到月亮上去。4 ~ 5 岁时，他们可以想象自己是不同的角色，编排出一幕幕剧情（假装自己是妈妈，给布娃娃赋予情感……一会儿假装自己是蝙蝠侠，一会儿又扮演他的敌人……）。这种扮演游戏既能让孩子体验不同角色，又能让他们摆脱焦虑和恐惧去审视自己的问题。孩子们把生活中大人不让做的事编成故事演出来（出于补偿心理），在表演中制造冲突（以此来消除焦虑），编造让他害怕或期待的场景（预料、预演），直面忧虑的事情（争斗、内疚）。孩子可以自然地"入戏"与"出戏"。他们知道自己是在假扮某某，但又能对此投入真情实感。孩子们凭借他们的想象和一些象征手段去适应真实世界，他们在大人那儿吃的"亏"可以用这种方式得到补偿，这也让他们对这个世界拥有了更大的自主权。基于这些特点，戏剧游戏也可以帮助孩子自发地解决日常生活中的一些小问题。

## 游戏的交际功能

孩子到了 6 岁左右，集体游戏会逐渐增多，孩子也会开始制定各种游戏规则并要求其他人予以遵守（弹玻璃球、玩牌、打游戏机等），否则游戏结果就不算数。竞赛、团队等也在这时初具雏形。扮演类的游戏内容会变得复杂，角色也会提前分配好。在开始游戏之前，孩子们会花很长时间讨论游戏规则，这些规则往往十分复杂，尽管之后在游戏中可能会随时出现一些改动（"我们假装这个是宝盒吧，好不好？""好的！"）。当孩子们沉浸在角色中时，他们会发出与真实生活中发出指令、提出问题和表达想法时不一样的声音（"我们先去打妖怪，然后再去吃点心，怎么样？"）。

社交类游戏非常重要，因为它能让孩子完成一些对成长来说十分关键的事情，这些事是他们与大人在一起时很难做成的。例如，比起和大人们在一起，孩子在和小伙伴们玩耍时能更快地学会互相帮助、关心他人与相互合作。这是因为孩子与同龄人处在一种平等的水平上，需要承担起更多责任才能发起并维持一场和睦的互动。孩子们挖沙坑也好，用积木搭城堡也好，或者回应一个小伙伴"这样不算数"的指责时，他们都不能指望别人承担一切来让互动继续进行下去，这与他们和大人在一起时不一样，因为大人更聪明，理解力更强。同样，角色扮演游戏里，角色的划分与主题情节更贴近孩子的需要。与同龄人在一起，孩子能学会保护自己，绕过障碍，区分玩笑与冒犯，与人重归于好，明白他人的用意，说服别人，等等。

所以，形式丰富多样的游戏不仅是一项简单的娱乐活动。它对于孩子接触世界、探索不同社会角色、掌握本领、获得自我身份、调节心理问题、与他人建立持久联系的作用，更是不可或缺。总之，对孩子来说，游戏与生活相依相伴，相辅相成。

# 家长备忘录

家长们，可不要忘了，你们偶尔也要玩一玩！与不满、沮丧等坏情绪一样，快乐也是会传染的。

不要过分保护孩子。他们很珍贵，但也比总在焦虑的父母想象的更结实。所以，不要让孩子这不许做那不许做，让他们去跑、去玩吧。他们会学到更多，他们的童年会更快乐。很多母亲担心孩子玩得脏兮兮的怎么办，那就让他们洗澡呗……

给孩子穿得舒服点。把他们打扮得像小王子一样，他们就没法玩了。

带孩子出门。如果你们能做到一天遛三次狗，那么一天至少也要带孩子出去一趟。

不要整天数落处在青春期的孩子。他们的生活环境与你们的不一样。一个能帮助他们的方法就是继续对一切充满兴趣和好奇，不要对娱乐失去兴致。

# 暴力形象

发生战争或恐怖袭击时，孩子难免会在电视上看到一些暴力场面，即便没看到，也可能会从同学那里听说。

尸骸遍地，惊恐的人们四处奔逃，哭泣，绝望，当新闻报道出现这些画面时，家长应当让年龄小的孩子远离电视，因为让孩子感到恐惧毫无意义，孩子和我们一样对此无能为力。这种无能感和被动会加剧恐惧。如果人们可以逃跑、自救、防卫或者反击，恐惧就会减轻。但是，人无法干预在电视上看到的事情。

听人谈论战争以及目睹电视里的战斗画面都会引起孩子的不安，这会加剧他们对于一些事情的恐惧。对于有的孩子，恐惧不会在较短时间内消失，而是会持续对他们造成影响，具体表现为哭泣、梦魇、恐惧症以及睡眠障碍。不过，如果人们对一些注意事项多加留心，这些影响就会降低，恐惧也能得到控制。以下是 10 条相关规则。

（1）恐惧时保持镇定，因为孩子会捕捉到大人的情绪状态，他们对于家人的情绪尤其敏感，因此可能会"受到传染"而感到恐惧。

（2）减少看电视的时间。一些电视镜头可能连大人都会猝不及防被吓到，更不用说孩子了。到了夜间更是如此，那些令人害怕的事情会更吓人。被动、持续地接收信息而毫无反制机会，这会给人造成极大的焦虑感。

（3）应当避免大幅调整日常作息。例如，让孩子待在家里不去上学，这只会确认并加剧孩子的恐惧。的确，如果孩子们可以继续正常上学，则说明情况没有那么危险。而且，同学们的陪伴也能转移孩子的注意力，减轻他们的焦虑。

（4）尽可能避免让孩子独自看到电视里的战争景象。一是因为孤独会放大恐惧，二是因为不同的画面其恐怖程度也不一样，这与孩子的年龄有关。例如，对较小一些的孩子（3~5岁）来说，轰炸场景可能不如防毒面具吓人。的确，轰炸的场面可能和电脑游戏里的场景相类似，可是防毒面具却会让人面目可憎——然而面部却是我们最常用来表达情感的身体部位，孩子感到害怕时也往往是在面部表情中寻求安慰。

（5）孩子年龄越小，以陪伴为基础的"非认知性"方法就越管用。让孩子坐在妈妈和爸爸中间，听大人们说话，手里抓着自己最喜欢的布娃娃。

（6）另一个方法是帮孩子有逻辑地描述发生的事情。这是在向其解释战争或袭击事件中"谁在哪里做了什么，为什么以及怎么做的"这些要素。如果让孩子自己去想象的话，尤其是大一点的孩子（8~12岁），他们会把自己以前做过和听到过的事统统联系在一起，想象出比真实情况更恐怖吓人的景象。如果孩子要求，家长也可以把每天的事情做简短总结。

（7）有必要让孩子面对不同意见时表达他的观点。鼓励他们提问也是一种有效办法，因为这样做可以让孩子的担忧更容易显现出来。

（8）如果孩子不谈论战争，大人就可以试探一下他的情感，因为对于诸如战争这类重要事件闭口不谈可能意味着一种强烈的担忧。

（9）让孩子们用游戏重现自己听到的事情，这种方法对各个年龄的孩子都适用。当然，前提是这些事情不能过于暴力并且不会伤害到其他孩子（不过，这种事情在游戏里很少发生），也可以让孩子把那些事画出来，这样做可以让孩子处于主动，让他们在表达的同时能控制住恐惧情绪。

（10）可以给孩子解释说，战争是一件可怕的事，但很不幸它仍然发生了，然而许多大人正在为尽早恢复和平而不懈努力，同样，孩子们长大以后也要为阻止战争而不懈努力。

成年人对儿童实施的暴力破坏性最强，就像恐怖分子袭击学校造成恐慌与伤亡那样。要克服这种非人行径产生的不利影响，大人需要让孩子去谈论它，让孩子通过游戏或绘画表达他们的情感，并且要让他们相信在学校里不会有任何危险。可以让孩子参与一些反战游行，或者做一些积极的事，比如向受袭地提供援助或捐款，这些能够使孩子更容易克服惊慌与恐惧。

# 食欲不振

　　孩子偶尔耍脾气不肯吃饭没关系，但应当注意。有时，孩子之所以不太饿，可能是因为他们正处在生长速度减缓期，或者因为疲惫，又或者胃肠出了点小问题。只是，当孩子食欲不振的情况持续存在时，家长就应当警惕了。如果儿科医生排除了某些器质性病变，那么家长就应当想一想，是否是一些心理原因导致孩子不爱吃饭或者挑食。

　　造成孩子食欲不振或挑食的非器质性原因可能多种多样。有可能是家里某个人对饭菜十分挑剔或者胃口不好，孩子跟着他就没有学会好好吃饭。或者由于孩子吃得惯的食物非常少，所以不敢尝试新味道和口感。有的家庭一到吃饭的时候气氛就很紧张，家长见孩子胃口不佳就大发雷霆，对此，孩子就以拒绝吃饭作为回应。有的孩子几乎是故意用不吃饭或挑食的行为来表现自己的独立，尤其是当大人特别重视吃饭这件事时。这时，不吃饭或吃得很少相当于在说："我想干吗就干吗！"孩子与家长之间的这种冲突与对立可能会产生一种恶性循环，时间越长，越难从中脱身。

　　那么，怎样做才能预防这一问题呢？

　　让吃饭变得轻松快乐。预防要趁早，从孩子出生时起，吃饭的气氛就应当是愉悦和轻松的。孩子 6 个月大时，家长就可以给他吃一些固体食物了。而且，为了能让孩子从一开始就适应不同食物的味道、香味、颜色与口感，家长可以给他准备分量小但样式多的饮食，而不是某样食物准备一大份。家长还应当记住，如果某样新食物能与其他孩子已知的食物一同出现，它就更容易被孩子接受。也可以把小分量的孩子不喜欢的食物（比如蔬菜）掺到其他食物当中。还有一个好办法是把孩子不喜欢的食物换个样儿再端上来。例如，如果孩子不喜欢牛奶，那么可以把它和大米掺在一起，做成牛奶米汤给孩子喝。

孩子在 13～15 个月时就应当有自己的勺子了（之后是碗筷或刀叉），这样他们可以学着自己吃饭。在某段时间中，孩子吃饭时家长可以采用一种双管齐下的方法。可以一边喂一边让孩子自己用勺子吃，甚至上手抓……餐盘的高度要合适，不要让孩子难以够到。孩子在座位上吃饭时，脚应当能够触及地面，这样他会感到舒服，有时甚至可以站起来。

在吃饭这件事上，家长不能对孩子加压或强迫，这一点很重要。吃饭应当是件快乐的事，不能弄得像打仗一样。没必要逼着孩子吃他们不想吃的东西。家长反应过激的话，孩子会因为食物变成大家责备的对象，他对营养均衡就会产生错误理解。

要给孩子足够的时间让他慢慢吃饭。大人坐在一旁不要表现得不耐烦。小孩子拿着食物玩儿是正常的，因此，用餐形式要灵活，不可僵化或死板。当孩子明显已经吃饱了，或者一顿饭已经吃了很长时间（超过半小时），就应当停下来了。的确，不必让孩子每次都把小碗吃得干干净净。奖励孩子把饭吃光这种做法只可以偶尔用，用多了则会带来危害，因为这样一来奖励就变得比食物重要了。孩子应当学会正确回应家长鼓励自己吃饭这件事，要明白吃饭不是为了得到奖励，而是要体会到吃饭的乐趣。在此基础之上会产生一个新的孩提时代的乐趣：自己吃饭。

**教会孩子合理搭配营养膳食。**应当在孩子童年时就对其开展营养膳食教育，并且要持续到青春期。应当时不时让孩子参与购买和准备他们自己选定的食材，这么做一般能对孩子吃饭起到鼓励作用。如果孩子不喜欢以某种烹调方式做成的食物，那么大人可以换一种更能激起食欲的方式。还可以把菜摆到孩子够得着的地方，让他自己去盛。如果孩子不盛，家长可以鼓励他至少尝一点。如果孩子吃完一份食物还想要，那他必须先把桌上所有的菜都尝过一遍。这会让孩子变得有规矩。

所有的小学生都应该对不同食物的营养价值有基本了解，大人应当引导他们合理搭配饮食。

## 干预行为

### 哪些事不要做？

• 家长不要强迫孩子吃东西，不要总是和他谈论食物，不要总是苦口婆心地劝说，不要当着孩子的面向其他人倒苦水。

• 孩子哭丧着脸，小鸡啄米般把食物一点点往嘴里送，一顿饭吃个没完没了。对此，家长只需语气平静地用一句话结束这顿饭就行了："我看你今天不太饿……"

• 吃饭时，环境最好不要太嘈杂，也不要同时做其他事。

• 对于胃口不佳且挑食的孩子，餐食分量过大会吓着他，所以可以把一顿饭分成几小份。

• 不要以为小孩子懂什么餐桌礼仪，也不要奢望他们吃饭时不会弄脏自己。

• 如果孩子变得越来越不爱吃饭，或者一连几天都吃得很少，家长不要焦虑，不要惊慌，在某些发育阶段或者饮食结构发生改变时都会发生这些事情。

• 不要错误地认为孩子吃得越多营养就越全，个体间的差异是非常明显的。健康、活力与成长是营养充足的最好证明。

• 尽可能不要在吃饭时吵架、激烈争论或者讨论压抑的话题。

### 哪些事需要做？

• 用餐时间要规律（每餐之间的间隔时间要足够长），而且要让孩子多去户外活动，以此来刺激胃口。胃口不好的孩子在正餐之间只能吃水果、苏打饼干或者喝果汁和牛奶。

• 吃饭应该是家人团聚在一起享受美好亲情的时刻。

• 大人在家做饭或者在户外野餐时，都可以让孩子跟着帮忙。

• 有时也可以让孩子自己去盛他够得着的饭。

• 对于那些体重过轻而且特别不愿意吃饭的孩子，家长可以陪他做些游戏，只能在孩子吃过饭而且是把桌上所有的饭菜都尝过以后。

• 由于孩子的口味会随着成长发生变化，因此家长要听取儿科大夫的建议，他们知道哪些食物适合哪个年龄段的孩子吃。

# 童年里的恋爱

初恋通常是人们年少时浓墨重彩的一段经历，不过人们要注意，不能把它与懵懂的好感相混淆。这种好感可以发生在青春期，也可以在孩子8～9岁以及12～13岁时提前到来。

安安11岁了，他的妈妈发现，每次在家里提到莎莎时，儿子的小脸儿都会红。此外，放假前孩子们在学校门口互相道别时，莎莎和安安会给对方一张"留念"照片。10岁的娜娜想要一部手机，这样她就能收到壮壮发给她的短信。壮壮是一个9岁的小男孩，他和娜娜不久前在一场海边迪斯科的夜场派对上相识。两家都在同一处海边度假，但是壮壮却和家人住在很远的地方……

家长该如何看待孩子的这种行为呢？这里面有多少是认真的，又有多少模仿的成分？家长对此该怎么做呢？是视而不见，还是要有所重视？

在前面提到的《速成儿童》一书作者、儿童发展心理学家戴维·艾尔金德看来，8～12岁的儿童已经具备了良好的语言能力，讲话连贯而有逻辑，喜欢父母和同龄人的陪伴。

他们常常会与同性别的同龄人形成小集体，大家在一起玩耍、比拼。在这个小集体里，孩子会和某一个同性小伙伴成为好朋友，某种程度上把他看成自己的"替身"，彼此十分要好。他们也会有异性朋友，然而此时性激素还没有发挥作用，所以，童年以及青春期之前的恋爱更多是一种"情感"而非"情欲"。这种"爱"虽然和真正的"爱情"在情感上相差无几，但是它更多存在于孩子的想象而非现实之中。孩子乐于去思念那个他／她，乐于知道自己也被那个他／她思念着，对自己因为个性而被人认可与选择感到沾沾自喜。然而，虽然这种感觉很甜蜜，却还有比它更吸引人的事。如果让孩子选择是与小伙伴还是那个"他／她"度过一个下午，孩子们往往会选择小伙伴，因为，和那个他／她在一起，孩子不知道说什么……

然而，有时他们的行事举止看起来会像成年人那样。感觉与行为之间确实存在着某种脱节。孩子的行为能够反映出他们从媒体上接触到的性别刻板印象，或者家长的期望和话语，这些内容把对性别认识尚处于朦胧之中的孩子推向"男"或"女"的性别角色。某种程度上，大人期望将孩子同化成自己的性别角色，因为他们在孩子性别身份的发展中施加了自己的压力与期望。不过，如果这种压力过强，就会让孩子扮演成自己并没有感觉的角色。他可以是男子汉或者小恋人，她可以是晚会上的小公主，只是因为一切都引导向那个方向。可是，让一个懵懂无知的孩子走所谓的"成熟路线"，他可能会去模仿在电影和电视剧里看到的那些和性有关的事情，却并不知道自己在做什么。

实际上，这些最初的朦胧好感往往是而且也应该是不确定状态的，因为这是一个小男孩或小女孩第一次要自己去发现眼前事情的真相。在一步步的探索中，他／她必须走一条自己的路，这条路上既有成功也有失败。

这种情感其实相当常见，它能让孩子学会与另一个人交往，尤其是会帮助他们明白异性往往有着不同的行为举止和互动方式。经历这个阶段的关系发展对未来的人际关系十分重要。

## 懵懂的好感

热流涌动的暑假，孩子们可以尽情玩耍，结识许多小伙伴。一不小心，我们的儿子或女儿可能会对某个异性小朋友产生强烈的好感，或者被喜欢上。该怎么办呢？

• 要不动声色，给孩子时间去审视自己的这些情感。

• 不要觉得这很荒唐并予以阻挠。

• 父亲应当避免逼着儿子必须像男子汉一样。否则，当孩子没有达到父亲的期望时就会感到不安。

• 要记住，没有绝对正确的行为方式，而是有不同的存在与感受方式，这也是因为每个人在与他人的一段段关系里都必须在彼此的行为之间找到平衡。

• 可以给孩子们举办派对，但是不要走"成熟风"，比如给小女孩化妆、把她们打扮得像海报女郎一样。

• "××有对象了，你有没有啊？"不要和孩子开这种玩笑。

• 如果对方变得有些执着或者霸道，让孩子感觉受到了纠缠，大人就可以建议孩子向对方解释清楚：自己愿意当他／她的朋友，但是也想和其他小朋友玩，而不是只和他／她在一起。

• 不是所有的孩子都会对别人产生好感，他们也不必非要这么做。

# 情商

我们所有人或早或晚都要用上所谓的情商,也就是那种善于察言观色、识别和引导情感、与人有效沟通的能力。这不仅和性格有关,还在于后天学习。比方说两个孩子都爱冲动,可是情商高的那个懂得克制,情商低的那个就不行;一个内向的孩子,如果他的情商高,就能学会一些人际交往策略,使他在与别人相处时慢慢变得更加自信。

情商偏低的孩子总以为别人的想法和他一样,喜欢做白日梦,遇到挫折后很容易气馁,为一点点小事大发脾气。他们不能正确看待事物,喜欢先入为主,对事情抱有不切实际的期望,不能正视自己的错误并接纳自己。他们一直压抑着自己的情感,找不到合适的方式表达,往往会出现暴力行为,或者变得抑郁孤僻。他们不但受不了批评,连面对表扬和称赞时也可能会感到浑身不自在。他们缺少情感教育,这让他们更见不得别人的痛苦,面对他人的真情流露,他们往往选择回避。与人交往出现问题时,他们也不会去解决。

早在孩子出生后的几个月里,当新生儿注意到与照顾自己的人建立联系时,情商就开始发育了。在孩子3~8个月时,家长给他们做鬼脸、抓痒痒、说悄悄话以及其他的亲近方式,都在向孩子传递亲密与信任的感觉。在孩子6~14个月时,他与家长之间的双向交流通过模仿游戏得以实现(家长点点头，他也跟着点点头；家长冲他笑，他也笑着回应；他做个鬼脸，家长也做个鬼脸），用这种方式，孩子学会了使用情感信号（"我可以让爸爸笑！"）并且能读懂他人脸上的信号。在这种情况里，情商表现为能明白事情之间的因果关系。

在 12 ～ 20 个月时，互动变得更加有目的性（孩子为了让你知道他渴了，会跟着你走到冰箱旁边），孩子意识到自己是一个独立的个体，与他的家长有所区别。

这时，家长可以表扬孩子的做法："原来你是想告诉我你想喝水啊！看来你这个小丫头已经知道想要什么该怎么做了！"18 ～ 30 个月，孩子开始在玩耍时表达自己的感情。如果家长指出这些感情，孩子就会把它们与自己正在做的事联系起来。比如，大人说"你把布娃娃抱在怀里摇一摇，它会很高兴！"，孩子就会明白摇晃这个动作会使人开心，对大人也一样。之后，他可能会用他的话来表达这种情感。

3 岁以后，当人们以情感为背景引入一些概念时，孩子会更善于把想法与情感联系起来。有一些非常有效的方法来促进这些联系。比如，家长不要只是简单地对孩子说"把那张红纸递给我"，而且要说："红和蓝两种颜色，你喜欢哪个？我喜欢红色，因为我喜欢的花就是红色的。"如果有什么事让孩子感到害怕，我们就先指明害怕这件事，然后再告诉孩子每个人都有害怕的时候，孩子就会明白自己不必羞于谈论害怕这件事，而且对我们来说也更容易教会他如何对待恐惧。童话与歌谣也能起到很大帮助作用。在整个童年当中，尤其是学前阶段，童话、故事、歌谣是用来谈论情感的理想方式。以情感为中心的故事有许多，家长可以根据实际情况编一些合适的小故事。

情感能力能够与运动和认知能力同步发展，并且为两者提供支持。怎么会呢？我们都有因情绪十分激动而无法思考的时候，在孩子身上这种现象则更加频繁。不过，我们可以帮助他们厘清头绪并且平静下来。举个例子，7岁的小莫做游戏时被其他小伙伴们嘲笑了。回到课堂上，他气得无法专心听讲，他可能会沉浸在自己的情绪里，或者为了报复而故意捣乱。不管出现哪种情况，从学习的角度看，他这一上午已经毁了。反过来，如果他能够说出自己的恼火，如果我们能给他机会消消气并且思考自己与他人的情绪，他就能更容易继续进行接下来的活动。大人还要让他明白，说到底，影响他的不是同学们说了什么，而是他如何看待同学们的这些话。

沉下心来仔细思考某些情况带给我们的感受，这是与自我对话的第一步，这种交流能够降低不良情绪的影响。有些情况会产生所谓的"思想病毒"：对某事的错误理解（"它就是故意和我作对"）；奢望（"事情必须总是和我想的一样"）；以偏概全（"没一件事是顺心的"）；自我贬低（"我毫无价值"）；夸大后果（"太可怕了""我可受不了"）。通过与自我对话，孩子们就逐渐能够学会保护自己免遭这些"思想病毒"的侵害。

当然，也还有榜样的作用。孩子们非常善于观察和模仿，他们会把我们做的事记在心里，与我们的情感产生共鸣，并模仿我们的行为。

# 社交智能

　　我们常听人说，在愈发先进的科技驱动下，这一代的孩子比他们的长辈更聪明。一些关于视觉－空间能力的科学研究也证明了这一点。现在的孩子比以前接触到了更多的益智玩具、电子游戏、电影和电视节目，因此他们在解码、解读图像以及逻辑判断上显得更加迅速。不过，智能并不只是一条线，而是一个多面体，它包括了这些方面，却又不限于这些方面。

　　美国心理学家霍华德·加德纳撰写过许多人类思维领域的论文，在其中描述出足足8种智能类型。除了视觉－空间智能和逻辑－数学智能，还有其他6种智能类型：语言智能、音乐智能、内省智能、身体－运动智能、自然观察智能与社交智能。它们在孩子童年时期的发展节奏各不相同。语言智能发展在3～4岁时达到顶峰，音乐和身体智能则在孩子出生几个月后就开始发展，内省智能则与青春期有关，自然观察智能在小学时发展，社交智能则在孩子3～6岁也就是他们上幼儿园时生根发芽。

　　社交智能尽管没有得到高度重视，它却对一个人的交际生活至关重要。它包括一系列能力，如理解他人，不把自己的感情、想法或期望与他人的相混淆，理解不同情况，顺应不同的社会环境，学习群体生活规则的同时能够认清它的优势与局限性，与他人建立联系，互相沟通，培养有效且多样的沟通技能。

这些能力要通过主动锻炼来培养。看小说、阅读或听别人的经历故事是不够的，还需要努力去明白别人的意图，开启自己的事业，听听他人的回应并反思发生过的事情。需要去试错，然后改正，从自己的错误中学习。要体会过一些感觉之后才能真正懂得什么是人与人之间的相互影响，否则就很难做到遭遇攻击时学会还击、学会与人为善，明白什么时候人们在开玩笑而什么时候又是认真的。

这就是为什么家长应当给3～6岁的孩子各种机会让他们去接触社会，既可以有大人陪伴，也可以在没有大人严格管控的时候。如同前面"同龄人"词条下所讲的，孩子与成年人的交往是必不可少的，但这只是社会化的一个方面。大人指导孩子如何更加有效或正确地与他人沟通，甚至可以举自己的例子。他们还会时不时对如何应对人际关系问题给出自己的建议与指导——这些做法固然正确，也很有必要。不过，孩子也应当获得机会和空间独自进行社交锻炼，这可以让他们面对挑战，检验一些策略是否有效，用新的且愈发成熟的方法避开障碍，结交朋友，让自己被人接纳。

我们所有人生来都拥有潜在的社交智能，不过，要让这种智能得到发展，我们还需要锻炼与实践，而学前期是这一智能发展的关键时期。

# 儿童的直觉

如同瑞士心理学家让·皮亚杰所言，即使是学前期的孩子也具备逻辑推理能力，尽管这还只是一种"预操作"。所以，孩子们能够理解许多因果关系，把玩具拆卸后再重新装好，数一座灯塔的砖块数量，给图片排序，给单词划分音节，让电动火车跑起来，使用电脑和手机。不过，孩子们在理解世界以及同他人交往方面靠的不仅是这些"冷冰冰"的逻辑思维能力，还有直觉。这是一种"热情"的、带有探索性的智能，孩子的敏感、洞察力与情感都在其中发挥着作用。

直觉是感觉、情感以及想象力共同作用在一起得出的结果。孩子们在幻想神奇世界、编顺口溜、读错字、给人起外号、开玩笑、唱歌或者开心地研究新玩具或新物品时，都会运用直觉思维。分析与直觉这两种思维策略共同运作，给各种经历提供平衡的前景。

逻辑分析能力比直觉更加直观，然而后者却一直在起作用，无论在大人还是小孩身上。例如，两个大人，为什么孩子愿意靠近其中一个而不是另一个呢？在旁人看，他们都显得和蔼可亲，而孩子却在观察更细微的区别。他们从大人的手势、态度、面容和声调中搜集信号，然后把这些信号放到一起进行比较，最后他感觉出其中一个大人适合自己，而另一个则不适合。孩子选择靠近谁而远离谁，凭的就是直觉。

直觉在社会关系、各种类型的非社会性学习以及发现新解决方案中不断发挥作用。比如，孩子们有时会做些傻事，他们这么做不仅是为了好玩，也是想看看，违反大人定的规矩会发生什么，自己这么做时别人会有何反应，"反其道而行之"会有什么结果和什么感觉。

再举个例子，一个孩子蒙着眼睛做陶艺，先是和泥，接下来又是各种敲打，费了半天工夫，他摘下眼罩，发现自己做出了一个盘子，而不是之前计划的碗。看着这个盘子，孩子运用直觉想出了一个新主意，他又团了一些小泥球放进这个盘子里，然后高兴地喊道："看，我做了一个装着葡萄的盘子！"

有人认为逻辑分析能力与直觉同样重要，有的人则认为要刺激智力发育应当更加重视前者。诚然，语言表达与逻辑能力不可或缺，它们使人可以分析事情、定义概念、弄清问题、用可以理解的方式沟通以及跟进推理。而直觉思维却是建立在感觉、知觉和情感之上的，它可以让我们的思维去理解我们的经历中那些更微小、转瞬即逝的方面。这就是为什么不要过早地把儿童的思维束缚在严格的逻辑规定中。人的智能中，逻辑思维占了很大比例，但它不是全部。

有人认为一门分析推理类的学科能够让幼儿园的孩子接触科学从而培养他们的科学思维。但是科学思维却离不开探索、发现、直觉、感觉与共享。正是这些内容，让学龄前以及上小学的儿童在接触科学时会觉得深受吸引。随着孩子们渐渐长大，逻辑思维的占比也逐渐增大，但这不意味着直觉思维就失去了作用。

# 外语

　　学习一门外语最好要趁大脑仍具备可塑性与接受能力时进行，因为此时语言神经中枢结构尚未定型，大脑仍可以毫不费力地吸收不同的语言刺激。

　　各项关于儿童学习外语的研究表明，孩子在 7 ~ 8 岁之前最容易学会一门外语，而在此之后直到 13 ~ 14 岁时就不是那么轻松了，之所以从这个年龄开始外语学习变得不再轻松，也是由于发音受到了较大干扰。在大约 7 岁之前，儿童外语学习与母语学习在左脑的同一语言中枢中进行，而在这之后，外语学习则要求调动右脑的部分区域，而它们在语言方面却不如左脑。

　　所以，孩子在幼儿园以及小学低年级时开始学习外语是最理想的，理论上，所有的孩子都能掌握双语，就像北欧大部分国家那样。然而，现实情况却有所不同，人们只需去看看意大利学校里外语教学的特点便会发现，大部分情况下，孩子们的外语学习并不是主动去练习说、写一门非母语的语言，而仅仅是泛泛地去"接近"一种不同的文化。在意大利，从小学三年级开始，学校进行的教学是"从文化角度去认识不同语言"。

　　小学外语老师的教学目的就是让孩子知道世界上有不同语言，同一个词、同一个想法可以用不同的方式和语音表达出来。所谓的外语感知课程包括学习一些常用表达，怎么打招呼，怎么表祝福，一些数字、星期一到星期天的表达，一些常见颜色怎么说，时间表达以及其他一些能体现不同语言之间区别的概念。所以，孩子们根本就不能算是在学外语，更谈不上用外语阅读和写作了。

总之，孩子学习外语的大好时机就这样白白浪费掉了。这不仅在于这种学习从小学三年级才开始，还在于学校提供给孩子的只是一些与语言多样性有关的"配菜"，不管是孩子自己讲外语还是听人说外语，他们都能明白这种特性，不必非要通过专门的课程去体会。

孩子们从上幼儿园时（甚至可以在上幼儿园之前）就可以开始学习一门外语了，他们可以沉浸在其中，毫不费力并且自然而然地学会这门语言，前提是他们能够接触到说这门语言的人——这些人能流利地讲这门语言，发音准确，而且特别是能在早期阶段使用歌谣和歌曲这种非常有效的方法。它可以让孩子轻松地理解和记忆大段的词句搭配，而后渐渐明白它们的意思乃至将其运用到相近或相异的语境中。

当然，要学会一门外语，还要在日常生活的不同环境中使用它，孩子们在进行某项活动或者与他人交流时，很快就能领会一条短语的意思，一句话、一句评论、一句劝诫、一句邀请的实际用法和内涵意义。这对于学习外语来说十分有效，因为这些表达并不是逐字逐句地翻译内容。

# 父母间的争吵

夫妻吵架这件事并非不可避免，毕竟有些老两口声称从来没吵过架。然而这类情况只是例外，大多数夫妻迟早都会因为一些大大小小的事情吵起来。我们都有被怒火牵着鼻子走的时候，对另一半说出各种难听的话，事后又感到后悔，哪怕当时在情绪的影响下，我们所说、所想的一切似乎都是那么的"合乎逻辑"。如果孩子也参与到我们的口角中，事情就变得复杂了。

父母间的争吵对孩子有影响吗？如果有，又是哪些呢？

父母间那些很激烈的争吵很容易对小孩子造成影响，孩子在整个童年以及常常在之后都想要得到父母双方的爱，也想把自己的爱给予父母双方。孩子对他们爱的人十分忠诚，所以如果他们必须面对两个所爱之人的冲突并且要决定谁对谁错时，他们会变得非常忧虑，更何况有时也无法分出孰是孰非，而且引发冲突的原因也往往不太明确。

当家长们的嗓门升高、态度与行为变得粗暴起来时，孩子会感到十分不安，尤其是家中（或别处）没有其他人能护着他、安慰他的时候。他们甚至会认为父母在争吵时说的话都是真的，因为他们还不知道可以对一个人说完"我恨你"之后继续爱这个人。另一个可能会让孩子感到害怕的是，往往他们还没意识到发生了什么事，父母就突然吵了起来，也没有人能及时赶过来劝架。

当然，不是所有的争吵都有同样的强度与影响。对于那些"小吵"，多数孩子都会习以为常，不予理会，不过它们的频率多少会带来一些影响。如果争吵过于频繁，那么家里的气氛就会变得紧张，从而影响家人之间的和睦。

而那些父母双方互相辱骂、高声喊叫以及拳脚相向的激烈冲突就是另一回事儿了。最近的研究表明，当孩子目睹令自己获得安全感与自尊心的最亲近的家人遭受虐待时，这种影响要比孩子自己直接受到父母责骂严重得多。这看上去似乎很矛盾，其实不然。要知道，孩子从某个年龄时起就开始掌握一些某种程度上能帮助他应对直接攻击的策略。而当他看到父母二人一方被另一方折磨时，他会感觉完全无能为力，从而陷入焦虑与担忧的旋涡中，一同被卷走的，还有那本就脆弱的防御机制。

然而，争吵暂且放在一边，夫妻间真正重要的在于两人之间是否存在一致性或者一种情感联系。"不吵不闹不热闹"，有的人就是这样，不和另一半使劲吵两句就感觉不到爱意，可是如果两人能在内心深处达成一致的话，也就能更容易用一种不那么具有爆炸性的方式应对彼此的"道理"或分歧。可是，如果这些争吵与分歧持续数周乃至数月，又或者两个人当中有一个总是找各种理由争吵，那就要看到底出了什么问题，同时也要关注一下夫妻双方的心理健康状况了。


## 一些建议

夫妻之间不吵架真是一种理想状态，但其实这种情况并不常见，人们应当现实一些。那么，怎样做才能让父母之间的争吵对孩子的影响降到最低呢？以下是一些建议。

所有人都要知道，谁都有生气的时候。偶尔发泄一下，过去了就好了。

想在完全和平与和睦的环境中成长是不可能的。孩子会明白，生活还包括矛盾与冲突，重要的是要让他懂得，有困难可以去克服，有问题可以去解决。

如果可以，家长要避免在孩子面前争吵。

并不是说这样一来他们就不知道你们吵架了，不过他们至少看不到冲突中最残酷的细节。

非吵不可的话，那就吵吧，吵完以后要和好。

不要让两人的矛盾伴着难听恶毒的话语一天天持续下去。这种冰冷的拉锯战威力不亚于那些激烈而短暂的争吵。

如果你们俩吵到一半时被孩子撞见了，那么最好承认你们刚刚就是在吵架。

不要假装没这回事儿。事后，当你们恢复平静时，可以对孩子提起刚才的事，告诉他们：大人们有时也会像小朋友一样吵架，不过重要的是要能够重新和好。

告诉孩子，夫妻之间是会吵架的。

这并不是说爸爸妈妈就不爱对方了。只是说，他们可能会因为不同的原因或因为焦虑而时不时跟对方生气。

# 儿童间的争吵

"该死的小魔鬼，让我俩吵嘴"，孩子们吵架后可能会反复念叨类似这样的"咒语"。孩子们的脾气和需求都不一样，交往时难免会起一些摩擦，那些带有缓和气氛性质的仪式组合在一起形成一套调解程序，让一代又一代的孩子重归于好。

玛丽娜·布托夫斯卡娅领导的俄罗斯科学院人类学家小组开展的一项研究表明，当孩子们处于同一个集体时，他们自然而然地就能结束纷争与调解矛盾。青春期之前，孩子们彼此间很难结仇结怨，毕竟每天都在同一个班级或小组里一起玩耍。类似的事情也出现在大猩猩之间（绝无冒犯孩子或猩猩的意思），它们的"基本"行为与人类十分相似。年幼猩猩之间也会吵架，但之后它们会重归于好，它们所在的群落也会恢复团结。

上述俄罗斯的研究者还分析了不同人类种族间的相关情况，例如俄罗斯人与卡尔梅克人。尽管来自不同的文化背景，这两个民族的孩子在吵架后都不需要大人干预就能重归于好。或者应该说，大人参与进来反而会让局面难以收拾，因为他们的到来会让气氛变得严肃。当大人介入时，孩子们不仅会觉得事情已经超出了自己的控制，同时也会认为，连大人都来了，情况一定已经很复杂了。大人会指出谁对谁错、谁是好孩子谁不是，从而对孩子们造成影响。就这样，原本自然而然的和解过程会变得更加复杂。

183

因此，如果孩子之间只是小吵小闹，大人最好采用包容的态度，不要过分干预。可以在稍远处看着点，偶尔给一点建议就可以了。

然而，当事态升级、孩子出现危险举动时，家长就要进行干预了。以下是一些做法。

◇**暂停。**局面变得难以控制时，可以进行"中场休息"，把争吵双方拉开，让他们分开待一会儿。

◇**及时。**如果出现非常大的危险（比如一个孩子要朝另一个扔石头），家长应当立即行动，无须多言。

◇**阻挡。**大人可以用身体阻挡住孩子，但不能打他们（否则会向孩子表明使用武力能有效地解决冲突）。

◇**询问。**如果两个孩子经常吵架，大人可以单独问问每个人原因，给出一些解决建议。

◇**帮助。**如果导致争吵的总是那几件事，对于大一点的孩子，大人可以鼓励他们思考一下原因，然后自己找出解决办法。

◇**轮流。**对于学前阶段的孩子，如果他们为了争玩具而吵架，大人要教会他们轮流玩玩具。两个孩子都想要一个玩具的话，那么就让一个人先玩，另一个在等待的时候玩别的。4～6岁的孩子一般能学会这种行为。

◇**发泄。**让孩子们以非暴力的方式表达他们的情感。比如，让争吵双方互相给对方画像。孩子们画着画着就会笑作一团。还有其他一些方法：让孩子们换个游戏做，踢枕头发泄，去长跑。

◇**限时。**给争吵双方4～5分钟时间想出解决办法，否则他们就得听你的裁决。

注意，不要把孩子的打闹与真正的打斗混为一谈。打闹只是表面上打着玩儿，并没有伤害别人的意图。孩子们一般会笑着打闹，互开玩笑，并不想伤害对方。

# 疾病

## 家人生病时

家里有人生病时，孩子们非但不会乖乖听话，反而会变成害人精，对待病人非常恶劣，从而让家里本就紧张的状况雪上加霜，这种情况并不少见。然而，这么做的往往是那些已经很大的孩子，他们其实知道病人是需要休息静养的。那么，他们为什么会做出这些令人恼火的事情呢？

一般说来，孩子这么做是想吸引旁人的注意力。当所有人想着其他事的时候，孩子们就会胡闹、不听话、大吵大嚷不安分，他们想重新恢复自己的中心地位。为什么孩子这么愿意成为中心呢？这一方面取决于孩子曾经受到的关注，另一方面要看是谁生病。如果生病的是父母、爷爷奶奶或者某位孩子非常依赖的人，那么孩子就会把这场病看成一种威胁，因为某种程度上，孩子会发现自己应当独立于父亲或母亲，同时又明白自己离开父母后"什么也不是"。愤怒、敌意和恐惧正是从这种认识中诞生的。妈妈生病了，孩子就会变得爱打人，因为妈妈不再像以前那样陪着他了，他感到十分危险。然而，他在对妈妈生气的同时又为自己这种恶意感到内疚。情况就变得愈加复杂，孩子也会愈发感到恼火……

如果生病的是自己的兄弟姐妹，孩子不会感到受威胁，而是会感到被排斥。在他看来，父母把时间和关心都给了生病的弟弟，对他则只是说"乖乖待着，不要捣乱"。在这场病里，其他人都有角色，他什么都没有。对于弟弟的病情，他其实想要了解更多，而且由于他也和其他人一样担心，所以想能帮上点忙。

尽管家长不一定要告诉孩子全部真相，而且最好略过一些细节，但是如果用孩子听得懂并且能接受的话告诉他医生说了什么，病人要接受哪些治疗以及病情会如何发展，孩子的焦虑和紧张一般就会降低。因为，一来孩子会更好地明白，大家为了帮助生病的家人都在做些什么，二来他的担忧也不再模糊而无目的，而是与一个具体的对象联系在了一起，从而能够被更好地控制。当然，家长还要和孩子说说话，听听他的想法，陪他玩，给他派一些小任务，让孩子做一些力所能及的事情，肩负起一定责任，这会让他们不再感觉被排除在外或者觉得自己无能为力。

多子女家庭里，家长可以让大一点的孩子给生病的弟弟妹妹讲故事、用自编的游戏分散他们的注意力。还可以让孩子给生病的人端饭、在病人吃饭的时候陪在一旁、去药店拿药、接电话、起到和外界联络的作用。如果家长想让孩子小声说话，就要告诉他病人听到噪声会很难受。

家长要培养孩子的责任感，让他们去做力所能及的事，这样能很快带来积极的效果。孩子会感觉受到重视，能够克服心中的嫉妒，变得不再那么焦虑。这些做法的影响也将是长期的，孩子会将这段经历与其他经历联系在一起，从中有所体会，进而逐渐变得成熟。总之，要让孩子在困境中仍能有所成就，这会帮助他在未来的日子里变得更加坚强与成熟。

## 孩子生病时: 反应与理解

孩子面对疼痛和疾病时的反应十分不同。这与每个人的亲身经历有关。

一些小病小灾可能会让孩子回忆起一些痛苦的往事，这些痛苦在孩子心中留下了痕迹，随时都有可能沉渣泛起，也许是这些事太过可怕或者持续的时间太久，抑或是孩子的性格使然。同样，当一个孩子摔倒了、被烫着了、受伤了或者是感觉不舒服时，就会觉得自己受到了虐待、惩罚甚至折磨。小的时候，当孩子觉得自己被抛弃了，或者一些基本需要（他人的关心、喂养与呵护）没有得到充分满足时，他会感到非常忧虑。长大以后，当他们感觉身体不适或与亲人分离时，先前的那种忧虑便会再度袭来。

那种一直存在却被隐藏起来的忧虑会在人生病或者感觉身体不适时产生影响。举个例子，小女孩嘉嘉没有体验过忧虑。当她从自行车上摔下来时，并没有任何之前体验过的痛苦叠加在她当时的感觉上。从自行车上摔下来是什么感觉，她就有什么感觉，一次小事故而已，没什么大不了的。她的膝盖可能会擦破点儿皮，这会有点疼，但是嘉嘉很快就会抛之脑后，这也不影响她马上再次跨上车座。

然而，同样是从自行车上摔下来，曾经因为一些事受到过惊吓的乐乐可能会感到非常大的忧虑。他当然不知道造成自己目前痛苦的真正原因，只是会觉得疼，会哭，会让人看他的膝盖。他会感到非常恐惧，因为这场事故会让他回想起之前体验过的紧张气氛。说到这儿，值得一提的是，5岁以下的儿童在拍 X 光、做脑电图或者测体温时可能会像打针时一样惊慌（喊叫、颤抖等）。打针会让人感觉疼，可是其他检查却不会。然而，所有这些检查都会造成同样的忧虑，毫无疑问，这种忧虑是对身体即将受到侵害的恐惧。

至于对疾病的理解，5 ~ 6 岁以下的孩子很少能完完全全地明白自己为什么会生病或者为什么必须接受治疗。4 岁大的孩子开始能够接受一些令人难受甚至痛苦的治疗，即使他们不明白这些治疗有什么效果，只是大人要求这样做。而大人为了让孩子继续相信他们，只能耐心哄劝。

例如，护士要给孩子打针了，可孩子却激烈挣扎就是不让打，这时最好的办法是一边让孩子闹着一边平静地和他说话。的确，最好让孩子哭闹一会儿，而不是上来就责备孩子"真丢脸！"或者"这孩子真胆小！"。

如果父母在安慰孩子的时候自己也很慌乱，语气里透着焦虑与担忧，那么这些安慰往往会起到相反的作用。小病号从这些话里察觉到大人急着想让他安静下来，既然这样，那正好可以继续哭闹下去。一般说来，孩子越小，对周围环境就越敏感。因此，如果在身边照顾孩子的人十分紧张与慌乱，那么孩子也会非常不安。

其实，家长们可以让孩子明白，在有些紧要关头，激烈反抗是没有任何问题的。对一个孩子来说，不舒服或者害怕时就哭，完全合情合理。4 ~ 5 岁的孩子还无法在内心表达他们的痛苦，同样也没有理由不去表达自己的恐惧。

所以，如果小病号发现大人允许他如实表达自己的痛苦，如果他信任照顾他的大人，那么他们很可能就不再把这些"莫名其妙"的治疗看成对自己的攻击。在这样的气氛里，他们就会乖乖地让护士打针或者换药了。

护理如何进行、自己被如何对待，这些都直接影响着孩子能否接受那些会在自己身体上做的事。有的人非常理解孩子的需求，他们治疗时的做法果断而温柔，对孩子来说，哪怕有点疼，但也没有之前预想的那般吓人。的确，孩子最先明白的事情就是大家是爱他的，都在照顾他。

另一方面，有些治疗非做不可，不做意味着对孩子不负责。医生对此要坚信不疑，就像坚信自己的业务水平一样。当孩子通过身体感觉到照顾他的人带给他的安全感时，他的恐惧就会减轻。

# 虐待

　　那些童年经常遭到父母或兄弟姐妹殴打的孩子心灵会蒙受巨大的创伤。为了挺过这些虐待，他们会采取一些情感策略，其中之一就是否认。什么意思呢？它是指，处于防卫状态的孩子，从小就学会了从情感上脱离虐待，回避自己的实际情感。

　　一个标志性的例子是巴斯特·基顿——20世纪二三十年代出演过多部电影的著名喜剧演员，他从小饱受家人的虐待。为了否认自己受到伤害、不再感到痛苦，基顿很小就学会了不再流露任何感情。长大成人后他也无法表达自己的感情，哪怕只是一个简单的微笑。他的喜剧效果恰恰就在于他永远戴着那副疏离的面具。

　　这种完完全全的屈服可以帮助减轻身体上的痛苦，却无法保护受到伤害的心。压抑自己的感情是一种生存策略。还有的孩子会非常依赖甚至感激虐待他们的父母，因为这至少说明自己没有被忽视，而且他们认为自己活该被拳打脚踢。于是就会发生这种荒谬的事情：孩子一边挨着父母的打，一边又觉得离不开他们。

　　孩子被家长殴打时不敢还手。男孩一般会忍耐，等到自己变得更强壮时再反击，或者去欺负比自己小的孩子；有的却愿意担任受害者的角色，并且在长大后依然如此。女孩则往往会把愤怒发泄到自己身上，从而变得极度焦虑。当然,也有很多例外。例如,有的女孩面对虐待带来的苦楚与折磨,会逐渐成长为性情暴戾的问题少女。反过来,那些沉浸在受害者角色里的女孩对于别人的欺负毫不意外,甚至会不自觉地对别人产生恐惧。

不管采用何种防御策略,遭受过肢体虐待的孩子往往也不太能看得起自己。他们觉得自己软弱、不好、无能,而且往往没有信心。他们经历过的那些遭遇让他们无法正常地成长与学习,而是把全部或者大部分精力用在克服由那些粗暴行为引发的恐惧、愤怒与痛苦上。所以,受过肢体虐待的儿童平均健康状况比同龄人要差,专注能力也较差,这没什么好大惊小怪的。

尽管自己受到过或者正在遭受父母的虐待,孩子们还是会接纳父母。他们当中很少有人离家出走或者试图逃开,这是他们生活和熟悉的环境,就算挨打,他们毕竟还有个地方可以待,对这个地方他们有一种归属感。离开家庭往往被孩子看作一种惩罚,这会剥夺他的身份。孩子非常需要有归属感,这也就不难理解为什么孩子宁可选择留在充满暴力的家庭中也不愿被送到寄宿学校去。一般情况下,受到虐待的孩子只会在进入青春期时才会决定离开家庭,有时甚至会误入毒品歧途。

辨认虐待的痕迹并不难(瘀青、烫疤、抓痕、牙印、骨折等),但是除了这些看得见的痕迹,还有那些不太明显的迹象,比如,孩子眼神发直或者无法站稳或坐好。当一个孩子对父亲的拳打脚踢感到害怕时,他会紧张得一动不动,直勾勾地盯着父亲,就像猎物在捕食者靠近时那样。而极端的反例情况则是,有的孩子会隐藏起自己的忧虑,一刻不停地说话,对任何人都表现得十分友好,毫无戒备心。这些孩子(和少年)之所以无论跟谁什么都说、显得毫无防范意识,是因为他们没有安全感,他们想要让自己受到接纳与欢迎。家庭虐待还可能导致孩子产生暴力行为。孩子从父母那里学到了暴力，一有机会——比如在面对比自己小的孩子时——他就要发泄心中积攒的愤怒与痛苦。

# 工作

那些有工作的母亲常常想要知道，与那些母亲是家庭主妇的孩子们相比，自己的孩子有没有感觉到一些不同。并不是所有的职业女性都能够放下工作在家一心带孩子，但无论如何，不管她们出于何种原因去工作，当她们不在家时是非常挂念子女的，而男人们在这方面就稍显逊色。那么，孩子会如何看待母亲的工作呢？父母的工作又会对亲子关系以及子女管教方面带来哪些影响呢？

**相关研究。**心理学家埃伦·加林斯基曾在 1000 多名 7 ~ 16 岁的儿童与青少年中做过一项调查，结果显示，职业女性的儿女并没有因其在外工作而感到苦恼，他们觉得这件事很正常而且可以接受，前提是父母也这样想。在两种情况下会产生问题：一是父母由于工作原因而让家庭生活节奏变得太快——这也会让孩子感到压力；二是母亲（不过同样适用于父亲）将工作完全与家庭隔离开，仿佛两者毫无交集。

**注意时间！**关于第一种情况，父母不应当让"匆忙"成为亲子关系的主旋律。特别是对小孩子来说，做什么都要"快"（快快穿衣、快吃早饭、快去上学），他们会感到紧张，进而哭闹。家长会觉得孩子在无理取闹，但实际上这是由于精神上而非身体上的疲惫造成的，焦急的父母永远在和时间赛跑，孩子们却跟不上了。匆忙和紧张还会让沟通变得困难。加林斯基解释说，所有的孩子都能感受到父母的心情。他们能一眼看出父母是否高兴、放松、有耐心；当他们愈发觉得父母心情很差、精神紧张或者心不在焉时，他们就越不想用自己的"蠢话"或者其他问题来打扰父母，而是把这些事默默放在心里。他们心里清楚，有些秘密，父母可能愿意或者必须知道，但他们也明白，这些事可能会让父母更加恼火，从而进一步加剧紧张气氛。比如，家里雇的保姆不好好工作，而是成天煲电话粥。

所以，有工作的家长要学会在着急的时候慢下来，紧张的时候静下来。这并不难，家长们会发现这样做对孩子是有好处的。

**谈论自己的工作。**工作是什么，自己的父母又是做什么工作的，对于这些事，孩子想有自己的看法。如果他们知道父母上班时做什么，也就能理解父母为什么一走就是好几个小时。孩子们一般不会满足于听到"上班是为了赚钱"这种话，他们还想知道上班具体要做什么，是不是很有趣。当然，这并不是说父母总要给孩子谈工作。偶尔聊一聊，一来可以让家庭与工作有所联通，二来也能满足孩子合理的好奇心。如果我们对自己的工作不太满意，也没必要予以贬低，毕竟孩子们总有一天也要开始工作……

**战胜内心的愧疚。**至于在管教孩子、安排家事上，我们不能因为在外工作就放弃履行自己作为父母的职责，答应孩子的任何要求。我们不应该被心中的愧疚所奴役。如果家长抱着一副听之任之的态度，什么事都让孩子做主——小到晚上吃什么、看多长时间电视，大到买什么样的车、去哪里度假、用多少零花钱以及安排家庭开销——那可就错了。如果说，家长的确应该在一些日常问题上询问孩子的意见，因为这样一来孩子就能学到谈判的艺术，这是一项重要的生活技能。可是，让孩子在完全纵容的氛围中长大却是毫无益处的。

即使在外工作时，父母也应当负起责任，对家里的事拥有最终决定权，孩子应当学会听从父母的安排并且事后认真思考，而不只是要求或者索取。可以从小事开始，比如，在晚饭吃什么这件事上，每个人都可以说出自己想吃的东西，但是不要指望每天都能准时吃到或者能吃得很多。孩子需要有明确的生活榜样，他们需要知道父母能够掌控不同的状况，并且知道什么对他们好，这样孩子才能够安全、安心地成长。

## 家长要避免的三个错误

忙于工作的家长，不论出于何种原因——有人为了想让生活轻松一点，有人是想得到孩子的原谅——可能都会犯以下任何一个错误。然而，就是这些错误，家长应当尽量予以避免。

**纵容**。我们对孩子就像对成人一样，觉得他们能够对自己负责；孩子们也会想方设法给我们这种感觉。我们对孩子总是说"可以"，让他们去做任何想做的事，哪怕非常危险。可是，这样一个没人管教、没人在必要时对他说"不"的孩子，不但会惹上让自己吃不了兜着走的麻烦，还会备感孤独与冷漠。

**强势**。这一态度与上面相反。由于害怕我们不在时孩子会伤到自己，我们什么事都不让孩子做，即使这些事情微不足道或者孩子有能力去做。我们动不动就会惩罚孩子，扼杀孩子的种种想法，压抑他们的情感。对孩子来说，这意味着不许他们犯错，成长中的每一天都过得战战兢兢。它也意味着孩子无法锻炼交涉能力，也就无法学会发现机遇和分辨各种场合。孩子与父母很难沟通，只好把秘密堆积在心里。

**过度保护**。我们总是感到焦虑和担心，过分干预孩子的生活，即使我们不在他们身边时也是如此。孩子没有亲手做事的机会，得不到任何锻炼，认为没有妈妈的帮助自己就什么事都做不成，从而在许多方面都存在不足，这也不会，那也不会。过度保护把父母和子女紧紧联系在一起，让孩子失去个人成长的空间。有时，父母和孩子的角色会发生颠倒，妈妈和／或爸爸会暗暗地让孩子履行家长的职责，即让孩子反过来保护父母。

## 当孩子还小时

在生命的第一年中，小宝贝与父母以及其他家人形成依恋关系。在前两年里，孩子开始理解事物之间以及人与人之间的各种关系，他们会确定许多让他们感到安全的人或物。在同依恋对象接触的过程中，孩子也会学着说话、沟通。

这一阶段中，事物、人、行为在一天中出现的规律十分重要。即使孩子与保姆、爷爷奶奶或者在幼儿园里待了一段时间，他们也认得谁是妈妈，不过这要求孩子与妈妈（和／或爸爸）在一起度过的时光是快乐的，孩子每天要有几个小时能见到妈妈，有几天能长时间地与她待在一起。

当然，对于一个0～2岁的小宝宝来说，最好的办法是妈妈（或爸爸）能做一份兼职工作，这样她能有半天时间陪孩子待在一起。那种能用电脑做的工作或者其他可以完全在家进行的工作当然也可以。有时，即使孩子在和保姆玩而母亲在另一个房间里，孩子也会知道母亲离自己不远，从而感到安心。

# 无聊

生活在我们这样一个时光穿梭、节奏飞快的世界里，有些家长认为孩子从早到晚一天的生活安排应该细化到极致，不能有任何"缝隙"。许多家长坚信"懒惰是邪恶之源"，他们觉得人不能不活动，总是怕孩子觉得无聊、没意思。在这些人看来，孩子应当动起来，否则就是在浪费时间，再往严重了说就是不把父母放在眼里。然而实际情况往往是，父母先是成了某种制约的受害者，然后又把它转移到了孩子身上。

能够忍受无聊是一种心理健康的表现。感到无聊是一种成长过程，它能让我们每个人的心灵变得愈发成熟。当孩子无所事事、与孤独为伴时，他会接触到自己的情感，任由它们在内心深处流动，远离外界的影响。他还能编出一些故事，之后把它们放到游戏中。在审视个人感情、与内心世界对话、从自身汲取养分的过程中，孩子甚至可能会自己找到摆脱无聊的办法。从无聊中可能会诞生新的精力与做事的愿望，有的时候事情就是很矛盾（但也没那么夸张）。

当然，凡事不能一概而论。不是所有的孩子都一样。孩子终日无所事事，做事没有目标，什么都做不完，这些当然也不是好征兆。它有可能是抑郁的迹象，家长对此不应忽视，尤其是孩子处在青春期时。然而，那些在紧张、忙碌或欢乐过后产生的无聊却能让人重新找回自我，去欣赏现实世界里的微小差别。家长要让孩子有"中场休息"的时间，在其中孩子能够学会独处，倾听内心情感发出的微小声音，因为当孩子一直处于兴奋与喧嚣中时，这些声音往往会被掩盖，令人难以察觉。如果孩子们从小没有学会将自己的情绪分门别类，认识到它们之间的细小差异，那么长大以后他们就可能需要一些粗暴、激烈的感官刺激来让自己兴奋。

有时候，恰恰是在一种说不清道不明的半睡半醒中，诞生出那些奇思妙想。恰恰是在（表面上的）无所事事里，问题得到解决，想象力得以发展。当孩子听音乐听得入了神、直直地盯着书上的插图、观察天上的云彩或者"陶醉"于面前的自然风光时，这绝对不能说明他们内心空虚。相反，这些活动可以丰富孩子的内心世界。所以，孩子一天当中总有没事做的时候，我们也没办法总是在他抱怨"妈妈，我觉得好无聊啊"时马上能想出一些解决办法，对此，家长不必感到内疚。小小的不满意会让孩子想办法调动自己，发挥想象力去寻找其他快乐。它还能够培养孩子的耐心。总之，这是一件关乎心理健康的事。

如果孩子的生活中各种活动一项接着一项，每一分每一秒都被填满，久而久之，孩子就会变得异常焦虑，害怕无事可做，害怕各种空间，无法独自一人待着。困在这些恐惧中的孩子无法停下来真正地放松一下，看看四周，观察一下这个世界，也无法享受生活、流露自己的情感或者培养一些兴趣爱好。

## "安静"的游戏

随着工业的兴起，一座座工厂开始出现在乡村，人们发现生活正在发生巨大的改变。一些地方确实每天晚上都灯火通明，在那里，机器的轰鸣声从未因夜幕降临而中断过。昔日的景象如今则代表着我们日常生活中的一个共同点，从出生时起，我们的世界就充斥着各种交通噪声、家电噪声、电话铃声以及电视音响等。此外，我们还习惯于不断地受到外界刺激，以至于当我们放下手中的事，走进久违的乡村或森林时，整个人会觉得有些发蒙。

城市里的生活给予我们很多刺激，一刻不停地调动着我们的感觉与思维，然而，它们当中有许多都无关紧要。有人把它们称为"背景噪声"，像一团雾，最后盖住那些真正重要的刺激。此外，所有来自外界的信息某种程度上都必须被我们有意识和无意识地加工处理。这些工作一部分由大脑在人们睡眠时完成，白天的事情以一种奇幻的方式被重新梳理，而另一部分则需要我们在清醒时完成，我们要问自己一些事情的意义，忘记哪些事，强调哪些事，下一步该如何走。要做到这一点，人们应当学会在安静中独处。过去，一些宗教团体曾一度把"安静"列入教规。

如今，"安静"可能会让我们感到不安，因为我们已经习惯了一个充满声音和刺激的世界。然而，要想理解这个世界、理解我们自己，我们必须安静下来。所以，家长应当教会孩子从小给自己留出一些空间——它并不是某些人眼中的"空虚"，而是一个个思考时刻，孩子在其中可以任由各种思绪游走，或者追逐内心的一些想法。

孩子是能学会时不时安静下来的，大人们可以用游戏的方式鼓励他们，这样效果最好。比如，大人和孩子先在一起静静待几分钟，然后告诉对方自己刚才都想了些什么。大人可能会觉得这样有点做作，但是对孩子来说——尤其是那些特别不安分的孩子——通过这个游戏，他们会发现自己能够以这种方式开始独自思考以及和自己相处，而不必非要依赖他人寸步不离的陪伴或者那些来自电子屏幕的声光音响刺激。通过这种"安静"游戏，小孩子会了解到外界与内心世界的区别：我们内心里的故事原来可以和外界赋予我们的一样精彩；少听点噪声、少说几句话、少看点手机电脑没什么可值得焦虑的，小孩子没必要感到害怕；安静是让人快乐和放松的，如果画出来的话，也会是丰富多彩的。

# 新生儿的嗅觉

新生儿通过嗅觉获取周围世界的大部分信息。的确，出生几个小时之后，孩子就能分辨茴香、玫瑰、汽油、酒精以及各种食物香精的气味，并且能够形成有关嗅觉的记忆。我们还知道，婴儿的嗅觉反应在出生后 72 小时内迅速完善，因此，一个几周大的婴儿和成人在嗅觉感知方面没有根本区别。

能够感知与辨别气味对新生儿来说非常重要，因为这能使他朝向食物的来源定位，还能帮助他开始最初的社交，这具体是指他与母亲形成依恋关系。两个月大的、用瓶喂方式喂养的新生儿面对哺乳期女性与非哺乳期女性胸部的气味时会朝向前者定位。这显然说明，即使采用人工方式喂养的婴儿，也会本能地被哺乳期女性胸部发出的嗅觉刺激所吸引。

出生仅 6 天，新生儿就能表现出更喜欢沾有母亲而非其他哺乳女性胸部气味的棉团。这些孩子在闻到母亲皮肤上的气味时会更容易安静下来。

小宝宝不仅从一开始就能发现哪些气味更易于接受，还能很快学会在取自其生活环境的气味中进行定向，并且更偏爱那些令他们感到愉快或熟悉的气味。这种极早出现的领悟能力解释了诸如为什么有时仅仅是睡眠环境气味特点发生改变（比如换床单），就会令入睡变得困难。

在听觉或视觉等其他感官渠道尚不能发挥充分作用时——这些系统的发育较为缓慢，并且要综合调动——嗅觉就已经能让孩子开始那些看不见的交流了，它们为最早的辨识行为和社交关系奠定了基础。

在新生儿与喂养者关系中，后者也会记录和在意这些气味。许多母亲声称能够识别宝贝身上的气味，并且能够在与宝贝交流时使用这些信息。相关科学研究也证实了她们的说法。

其中的一项研究表明，把一群 1 ~ 10 天大的孩子穿过的衣服混放在一起，约 60% 的母亲能够在蒙着眼睛的情况下辨认出自己孩子穿过的那件。另一项实验显示，在分娩后 6 小时内，母亲与新生儿直接接触 30 分钟就能记住孩子的气味；相反，如果这种接触不足 10 分钟，母亲就很难再从气味上辨认孩子，只能在之后的日常生活中慢慢培养这种敏感性。

对有些母亲而言，分娩前后几个小时里的心路历程也使她们形成了与这段经历相关的嗅觉（以及听觉和视觉）"记忆"。因为嗅觉神经与大脑调节情感的区域（边缘系统）直接连通，所以人们认为嗅觉信息是被整体处理和记忆的，事发时人的情绪越激动，大脑就越能迅速且持久地记住这些信息。

# 如何谈论内脏器官

和孩子谈论身体里面的事情合适吗？我们为什么要给他们讲一讲那些看不见的器官呢？假如可以讲，我们又该如何讲呢？

成长的方式有很多种，孩子就算不知道内脏是怎么回事，也不影响他们成为快乐和聪明的人。不过，在合适的时候了解一下内脏的存在与运转状况，对孩子以及他长大成人后的心理健康都是有好处的。

许多成年人对身体的认识都极其肤浅。还有的人在学习这方面知识时表现出明显的排斥：看过了，知道了，可转眼就忘了。这是因为，如果人们在童年学习能力最强的时候没有接触过某一专业领域的基本知识，那么等到他们长大后再去学习相关知识，就会很困难。如果孩子小的时候发现大人不愿意和他们谈论某些方面的内容，那么要想学会这些方面的知识，孩子就要付出更大的努力。

实际上，所有人都需要了解一些身体方面的知识。人们口中的那些"肝功能问题"实际上只有 10% ~ 20% 真正与肝脏运转异常有关。我们之所以会把各种身体不适都怪罪到某个器官上，也与我们小时候叫不出许多器官的名称、分不清哪些症状来自哪些器官有关。类似的，一些女性对其生殖系统的认识存在误区，这可能会造成一些无端担忧。

对有些人而言，人体的心肝脾肺等器官让他们觉得恶心、害怕和不安，因为他们只有在生病或者需要接受一些治疗或检查时才会听人谈论这些，也就是在那些令人痛苦或不安的情况下。要想避免一个人在对自己身体的恐惧与无知中成长，那么则要在这个人健康时就与他谈论这些内容。

当这样的机会出现时，家长就可以和孩子简单地聊一聊这些事，不用说得太深奥，也就是要与孩子的好奇心及其本人的成长节奏相符。如果家长能把握住正确的时机，一个 2～4 岁的孩子就会去注意他刚刚咽下的食物之后会去哪里。所有的孩子都会对心跳声感到好奇，这也能让他们更容易理解心脏的功能。他们也能学会在胃的上方找到肺的位置，在吸气—呼气的过程中"感受"它们。

## 方法举例

向孩子介绍内脏器官的方法有许多，而且也都不难。以下是一些基本实例，可用于 16～18 个月乃至 5～6 岁的儿童。

• 孩子喝了水，感觉它向下流进胃里，家长可以让孩子注意这个过程，从嘴到胃。孩子打嗝时，家长可以告诉他这是因为胃里积有空气，水会经过胃流进肠子里。最终，水会变成尿排出。

• 和耳朵有关的内容讲起来更容易，可以在掏耳屎的时候进行。家长可以先轻轻地摸一摸孩子的耳朵，告诉他"这是耳朵"。接下来，用手轻轻堵住孩子的耳朵，然后松开，稍微用点力再堵住，然后再松开，这样孩子就能认识到人是用耳朵听声音的——这对孩子来说并不总是那么显而易见。家长用棉签给孩子清理耳朵的时候可以告诉他，耳朵很大，里面有一条管道。之后可以给他讲讲耳郭、鼓膜这些名称。

• 孩子 4～5 岁时，家长就可以给他们讲一讲生殖器官了，有时还可以更早，如果孩子对此感兴趣的话。所有的孩子迟早都希望有人能给他们讲讲这一身体部位，这也是因为，它不是随随便便的一个器官，而是关系到诸如愉悦、性别、自尊等的重要心理因素。例如，困扰小女孩的并不是她没有小鸡鸡这件事——如同人们经常指出的那样——而是发现自己的生殖器藏在身体里面，而且其构造的复杂程度毫不亚于男性生殖器。

# 脏话

孩子们并不总是理解他们所说的脏话的含义，尤其是那些与性有关的脏话。不过，他们从小就很清楚，这些不中听的话会激起听者的特殊反应。

孩子说脏话、骂狠话、说下流话或者诅咒他人，背后有着各种各样的原因，它们与孩子的年龄和生活环境有关。下面我们就来看一看。

**求关注。**说脏话肯定能引起他人的注意。

**吓唬人。**让别人一脸惊讶或一脸尴尬，孩子会觉得很好玩。

**做游戏。**那些刚学会说话没多久的孩子说脏话，要么只是在简单地重复他所听到的话，要么是在用这些话玩耍，也就是为了激起听者的强烈反应。

**寻解脱。**当孩子感到沮丧或生气时会说出一连串的脏话，这是一种减压方式。

**发挑战。**对于有的孩子，说脏话代表着发起挑战。如果孩子来自那种忌讳说脏话的家庭，他们这么做就是在宣告自己的独立。

**盼成熟。**有的孩子说脏话时会觉得自己长大了。以前他们总是从大人那儿听到这些话，现在他们觉得可以轮到自己说了。

**找组织。**和朋友们在一起时，有的孩子用语十分粗俗，他们这么做是想和大家伙打成一片，被集体接纳。

**享童趣。**小孩子对一切"屎尿屁"类的话题都感到着迷，非常乐于听到有关人体排泄方面的事情。当他们意识到"性"这件事以后，就会用他们听到的那些词汇描述性器官与性行为。小孩子在说出与屎尿屁还有性有关的一些词时会感到快乐。

家长该怎么办？一种方法是做个好榜样。另一种是与孩子谈谈，一起评价一下他们听到的那些话是否合适。

孩子说的那些话，大人可以不予理会，这样就避免了"强化"。的确，大人听到孩子嘴里冒出那些污言秽语就哈哈大笑，这种助纣为虐的行为并不少见。

还可以教育孩子,有些他们还不能完全理解的话语具有极强的侮辱性，比其他一些粗话要难听得多。

如果孩子总是重复说一些污言秽语，家长可以让他注意一下，那些话是多么的无聊和无脑。可以鼓励他说一些更有创意的感叹语……

# 继父

　　当一个男人与一个有亲生孩子的女人再婚或同居时,不管他愿意与否,他都已然成了一名继父,并且要应对那些由重组家庭造成的心理问题。

　　首先要说明的是,人们没有任何理由认为继父不会比生父好。许多父亲对孩子心不在焉,逐渐沦为不称职甚至缺席的家长。但是,事与事之间也会存在很大区别。比如说,继父甲面对的是一个 2 岁的小女孩,孩子的生父对其不管不问。继父乙面对的则是两个孩子,一个 12 岁,一个 14 岁,他们的生父住在附近,会经常来看他们,对他们也很关心。那么,甲、乙两人各自与孩子的关系肯定也会有所不同。

　　不过,尽管存在这些差异,对于妈妈的新伴侣,孩子们的感情在本质上是类似的。至于这种感情是深是浅,则与母亲丧偶或离异的时间长短有关。的确,孩子或多或少都会受到矛盾情感的困扰,他们想有一个父亲但同时又会拒绝他。一方面,他们想有一个完整的家庭,也就是"父亲 – 母亲"的组合;另一方面,他们又不想和别人分享母亲的爱。

　　因此,继父在与妻子的儿女建立关系时要慢慢来。相反,过于坚持、急于赢得他们的好感往往是常见的错误,应当避免向他们献殷勤、送礼物。如果孩子们一开始表现得很拘谨,也丝毫不令人奇怪,因为他们可能会在心里这样问自己:"我能相信这个男人吗? 他会不会像爸爸一样离开? 他真的想帮助我吗？他会对我好吗？"

如果继子女的行为带有敌意甚至攻击性，继父也不必感到惊讶或愤怒。这是孩子们在试探他。如果孩子发现自己的敌意和攻击并没有让继父对自己的好有太大转变，那么他就会对继父产生信任，孩子与继父间的关系也能逐渐建立起来。

如果孩子的生父对他们漠不关心并且允许前妻的新伴侣抚养他们，那么继父的任务就会相对轻松，因为他不必去抵抗孩子生父的影响。可是，如果孩子的生父经常出现，每周末都会来看孩子，那就不一样了。这种情况下，继父绝不能忘记自己是不可能取代孩子的生父的。孩子们对继父那些想要取代生父的行为非常敏感，他们也很难会原谅这么做的人。所以，继父只要做好自己、以自然的方式行事就可以了。他不是那个孩子从小与之一起生活的父亲，至多是一个替代品。虽然可能有点多余，这里还是要提醒一下各位继父，不要坚持让孩子叫自己"爸爸"。毕竟这是继子女多年来对生父的称呼，改口的话会让他们产生背叛的感觉。

继父要想与伴侣的亲生孩子建立和谐关系，需要一定的时间。如果继父有耐心，能够心平气和地接受孩子们矛盾但真实的情感，那么早晚有一天他能与孩子们建立起亲密，或者友好，或至少较为温和的关系。

# 恐惧

　　恐惧这种情感十分普遍。它能够帮助人们预知危险。但是，当它占据了人们的日常生活并且使人感到焦虑时，就会造成严重的困扰。恐惧和应对恐惧的本领是健康儿童正常发展的一部分。所有情绪中，恐惧是最早出现的情绪之一。与厌恶、愤怒、快乐、伤心和激动等情绪一样，恐惧早在生命最初的几个月里就出现了。孩子们如何表达恐惧呢？有的孩子看上去什么都不怕，这种情况也会一直持续到他们成为少年乃至成年。反过来，有的孩子却好像从早到晚都生活在各种恐惧之中。大多数孩子则徘徊在这两种极端情况之间。一些恐惧会在发展阶段出现，而后消失，让位于其他恐惧。

　　有的时候孩子看上去有一点点害怕,还有的时候则显得惊恐万分。不过，家长和老师并不总能看出孩子的恐惧，因为这种情感不会总用话语表达出来。众所周知，孩子们表达自我时用得更多的是肢体和行为。恐惧来临时，不同性格的孩子有不同的表现。有的变得很不安分，有的蜷缩成一团，还有的会变得"聪明绝顶"。至于有些孩子早上抱怨肚子疼，这也可能是恐惧的表现。有的是害怕自己学习成绩不好，有的是害怕离开家，还有的是害怕在班里或者路上碰见自己讨厌的同学。

　　孩子小，他们的恐惧也就小，可以这样认为吗？绝对不行。儿童的恐惧也可以十分剧烈。一个 4 ~ 5 岁的孩子在看到床前墙上的黑影并且认为那是鬼时，会感到实实在在的恐怖。而一个 6 ~ 7 岁的孩子在激烈地反抗打针时，占据他内心的绝不只是简单的怕疼。要想理解孩子对一些事情有多害怕，家长和老师可以回忆一下自己在像孩子这么大时有多害怕这些事。孩子的恐惧是哪种类型的呢？由于恐惧是会传染的，孩子可能会对他们所处的社会和家庭感到恐惧——恐袭、抢劫、空难等——周围环境越是紧张，恐惧的程度就越深。还有一些恐惧则与孩子处在哪个年龄段（或发展阶段）有关。每个年龄有每个年龄的困难与调整时期，那些大大的恐惧——如果我们将它们视为孩子坎坷的成长过程中一扇扇敞开的窗口——也就完全在情理之中了。

孩子在出生后的 6 个月里可以表现出对噪声和强烈闪光的恐惧，也可见对倒退感觉的反射（莫罗反射）。在 6 ~ 12 个月时，孩子会出现对离开依恋对象的恐惧以及对陌生人的恐惧。这些新的恐惧与孩子神经系统的逐步成熟有关，孩子这个时候已经能将熟人与陌生人的面容区分开来。

在生命的第二年和第三年，孩子开始到自己平时所处的空间与范围之外进行探索。他们遇见的人或事也不再是最安全的了。就这样，他们会对医生感到恐惧，会对一些动物感到恐惧，如狗、猫、马和火鸡。有的孩子还可能在与水的接触中感到恐惧（水太凉、太烫，或者孩子在水中挣扎过）。

孩子两三岁以后，随着想象力的出现，他的恐惧就不再只与真实生活有关，还有可能是屏幕上出现的虚构人物与场景，或者人们讲述的事情。孩子在 3 ~ 5 岁时，会表现出害怕雷雨、阴影、妖怪、狼和幽灵。除此之外，还有对疾病或家人死亡的恐惧，对迷路的恐惧（孩子觉得自己胆子挺大，但其实并不勇敢……），对被绑架的恐惧。在 6 ~ 10 岁时，与前面的恐惧相反，孩子可能会出现更加持久和顽固的恐惧，如害怕昆虫与蛇类、小偷和抢劫犯；害怕打针输液和血；害怕被同学拒绝；害怕发生事故；害怕被父母遗弃，也害怕他们离婚；害怕陌生的场景；害怕未知。8～13岁的儿童，可能会被恐怖电影吓到；害怕医院；出发去露营时感到焦虑：他们对所有那些不太熟悉的、不属于他们日常活动的情况感到害怕。随着时间一年年过去，孩子对虚构生物和宠物的恐惧也会逐渐减少并最终消失。青春期少年典型的恐惧则有害怕脸红，害怕被人发现自己的冲动（具体是指那些性冲动），不敢当众讲话，畏惧权威，害怕丢脸，害怕身体部位畸形，害怕失败，有时还会怕眩晕、怕高和怕异性。

有哪些实际的方法可以不让孩子在恐惧中成长呢？以下几点值得注意。

◇应当尽量不要过分焦虑。恐惧和勇气一样是有传染性的，大人应当避免对一些小事表现出焦虑、过分叮嘱或者时时刻刻盯着孩子。如果孩子表现得对某一件事尤其害怕，家长最好予以接受并且告诉孩子"没事，每个人都有一些害怕的小事"，而不是否认它或者责备孩子。

◇要记住，勇气和信心来自人们对事物的认识与个人能力。做这些事要趁早。孩子见到狗的次数多了（不一定非要养一只，邻居家的狗也可以），也就很快能放心地让它们围着自己闻来闻去，并且主动接近它们。很早开始在泳池里游泳的孩子，就不会那么惧怕大海，而且能很快地适应海浪。和小伙伴们一起荡过秋千的孩子，就不会那么害怕摔倒。有爸爸妈妈在身边作为"安全基础"，孩子会发现许多事乍一看很可怕，但其实一点也不危险。

◇一点点紧张和焦虑是正常的，所以要让孩子决定哪种情况下要有多大的胆量。家长不要只是看到孩子有一点担心就不让他去做，但同样也不能逼着他去"练胆儿"。家长要明事理，这对预防孩子的恐惧和培养他们的勇气来说非常重要。

比如说,不应当给一个孩子看惊悚节目,这会让他对日常生活场景感到害怕。的确,孩子往往还没有足够成熟到能区分真实与虚构。偶尔被吓唬一下,孩子会觉得很好玩。可如果太夸张的话,孩子就会陷入对想象之事的恐惧中。

◇现实生活中有些情况会让孩子感到恐惧,但是家长可以帮他去控制。假如母亲生病了,要住院治疗,那么最好提前几天告诉孩子这件事,而不是最后才说。在母亲离开的这段时间里还可以给孩子布置一些特别任务。孩子应当被告知何时可以去探望、妈妈住院的原因(不要给他说得太细)、妈妈还会回来、当她不在时有人会来照料他。所有这些,家长在说的时候都不要着急。家长要出远门时,也应当这样大大方方地告诉孩子。许多3~4岁的孩子能够在父母离开时与认识的人待在一起,他们明白父母为什么走,也知道他们还会回来。偶尔,孩子可能会从照顾他的人那里进一步询问"解释"。这些分离非但没有引起焦虑,反而会照亮一些孩子身上最好的一面,他们会在母亲不在的时候成熟起来,表现得更好。人们期望孩子们这样,而孩子们的表现也会十分出色。


## 如何减轻孩子心中的恐惧

• 在孩子面前过多地谈论恐惧或恐惧症只会加重孩子的心理负担,所以当家长与人谈论这些时最好不要让孩子听到。

• 如果孩子害怕某样东西、某种动物或某个空间(例如公园里的一处地方),家长可以和孩子一起去接近它们,要一步步来。每一步带来的恐惧感都应当可以被轻松克服,刚好让孩子感到有一点点紧张就可以了。

• 榜样或做示范非常重要。比如说,如果孩子害怕虫子,那么当他们看到虫子在家长(或者其他人)的身上爬来爬去而家长并没有任何不适时，这会带来积极的改变。当然，这种改变可能不会立即出现，而是会隔一段时间。的确，孩子们常常会反复想起他们看到的事，尤其是当那件事令他们感到震惊时。

• 家长还可以陪孩子做"假装不害怕"的游戏，以玩笑的方式一起面对恐惧的对象。有时这种方法不会起太大作用，有时却会带来出人意料的结果。

• 有一种方法对大一点的孩子比较管用：让他们找出所有可能和恐惧有关的事物（照片、句子、痕迹等），如有可能，把它们收集起来或者记在一个本子上、画成一幅画。

• 还可以帮助孩子放松（按摩肌肉，听舒缓的音乐，仔细听钟表指针的嘀嗒声），孩子安静下来时，家长可以让他想象一些事情，同时让他做一些事情来克服恐惧。

不管对孩子采用哪种方法，家长们要记住，虽然有时孩子的恐惧看上去非常顽固，但是它们实际上比成年人的恐惧更短暂、更不稳定，因此也更容易处理。

## 实用建议：小测验

以下记录的是孩子 4 岁前最常见的一些恐惧，它们当中大部分相较于孩子的年龄来说是正常的，而有的则有些过分了。以下是测试内容，家长们先想一想，遇到相关情况你们会如何做，然后再看相关建议（斜体部分）。

• 宝宝长到 5 ~ 8 个月时，变得不如以前活泼了。当他看见新面孔时会紧张起来。你们离开屋子时，宝宝就会哭。

这种恐惧是正常的，这是面对生人时的焦虑。怎么办？孩子与父母已经存在一种依恋关系了。

*陌生人靠近时，要尽量安抚孩子。孩子通常会在 16～18 个月之前克服这种恐惧。*


•10～18 个月时，孩子经常半夜醒来呼唤你们。

这是一种正常的对于分离的恐惧，在这个年龄段尤甚。

*要轻柔地和孩子说话，看看是不是该换尿布了。让孩子平躺在床上，在一旁陪着他一直到他安静下来。这种夜醒可能会持续数周甚至数月。*


•孩子 1.5 岁到 2 岁时，看到他认识的保姆阿姨（你们也很信任她）到来时会哭。当你们要出门时，孩子会予以阻拦。

孩子害怕分离，他要寻求大人的关注。

*要向孩子保证会很快回来，不要把告别的时间拖得太长。*

*不要当着孩子的面嘱咐保姆看管好他。*

*要让保姆陪孩子做游戏或者看图书。*


•3～4 岁时，孩子会对雷声或家用电器的噪声感到恐惧。

这种恐惧在这个年龄段是正常的。它会随着孩子长大而消失。

*使用这些电器（吸尘器、搅拌器、电钻等）时，不要让噪声传进孩子的房间。外面电闪雷鸣时，可以把孩子搂在身边，轻柔地对他讲话，给他讲一个可爱的小故事。*


•孩子拒绝在浴缸里洗澡或者拒绝使用坐便器。

有些孩子害怕这些对他们来说尺寸太大的物品。

*如果孩子害怕自己被冲进下水管，那么最好用一块海绵给他擦洗，而不是把他放进浴缸里。有的时候可以在浴缸里放一只玩具鸭，一切就都解决了。*

*至于坐便器，孩子不敢用的话，可以先让他们用尿盆。同时，可以帮助他们培养对尺寸的概念。让孩子摸一摸下水口，他就会发现它只放得进手指，而放不进整个身子。*

• 3 ～ 4 岁时，孩子非常害怕陌生人和新环境。

胆怯。

*要为孩子准备一些新体验，但是注意不要引起忧虑。给孩子时间适应新事物。*

• 孩子该睡觉的时候不睡，而是胡闹。

可能原因：怕黑、分离焦虑、疲劳、过度紧张。

*家长每晚要遵照相同的程序惯例。晚饭后避免一些动作幅度过大的游戏以及强烈刺激（比如那种容易引起紧张的电影）。*

*夜里的一盏小灯可以帮助孩子克服对黑暗的恐惧。*

• 3 ～ 5 岁时，孩子睡着以后会喊叫一个小时。他的眼睛睁着，但却是睡着的。

夜间惊恐，在这个年纪不少见。

*要安抚孩子。他不会回应，因为已经睡着了。这种恐惧会持续一段时间，但最后孩子还是会沉沉睡去，第二天早上完全不记得发生的事。*

• 孩子 3 ~ 5 岁时，入睡后会惊醒。

噩梦，这个年纪里不常见。孩子 3 ~ 5 岁时还不能很好地区分梦与现实。

*告诉孩子，梦虽然可能像真的，但却不是真的。陪在孩子身边，直到他们安静下来。*


• 孩子拒绝去幼儿园。

可能原因：孩子害怕分别，害怕别的小朋友欺负他，对幼儿园恐惧，因为那里的环境和家不一样。

*努力与老师一起找出原因。睡前给孩子讲一个淘气的小兔子（或者小猪）去上学的故事，然后听听孩子怎么说。孩子可能会说出不去幼儿园的真实原因。*


• 孩子目睹过暴力场面或者看了一场恐怖电影后表现出恐惧。

这是一种创伤后压力。

*给孩子讲一个童话故事，比如有一个王子（或者一种丛林野兽）也因为经历了类似的事而感到害怕，但是他聪明地克服了恐惧，所有人都祝贺他。可以和孩子一起把这个故事画出来，然后各自发表看法。如果孩子的恐惧仍然存在，可以寻求儿童心理学家的建议。*

# 恋童者

大部分人毫无疑问都是关心和保护孩子的，但不可忽视的是有少数坏人会对孩子产生邪念，欲行不轨。

于是，家长发现自己处于一种两难之中：应当让孩子知道有些大人不值得信赖甚至非常危险，可是这样说的话又会吓到孩子，让他们感到困惑从而怀疑别人。孩子们应该在勇敢和乐观而非恐惧中成长。让孩子变得敏感多疑固然不是好事，然而家长却应当保护他们免受侵害，那些不愉快的经历，有的不会留下痕迹，有的却会对孩子产生影响。

我们需要做些什么呢？

把事情讲清楚是最好的做法。比如说，孩子如果独自去上学，家长要叮嘱他不要和陌生人说话，不要随便接受别人给的糖果或礼物，不要上陌生人的汽车，即使他说可以送孩子回家。如果孩子发现有陌生人一直跟着他，应当寻求警察或人群的帮助，或者去按附近一处住户的门铃。对于再小一点的 5 ~ 6 岁的孩子，家长同样可以告诉他们，在公园玩的时候不要离开其他小朋友，不要跟陌生人走。关于这一点，家长可以给孩子讲一些经典的童话故事。如果家长发现孩子还没有准备好接受这些，那么最好也不强求。

还可以利用孩子在 3 ~ 4 岁时出现的羞耻心。家长很容易给孩子解释，要保护好自己的隐私部位，这些地方只能在妈妈给他洗澡，或者医生给他做检查时才能让看。

规则是定下来了，但重要的是要给孩子讲清楚为什么要遵守规则，尤其是对大一些的孩子而言。

有机会时，家长可以平静地给孩子讲一讲，这世界上有的人生病了，这种病不像是水痘或者感冒，这些病人想干坏事、伤害无辜的人。还要告诉孩子，也许有一天有人能治好这些病人，所以如果孩子遇到这样的病人应当告诉家长。这样的解释对一个 7 ~ 8 岁的孩子是说得通的。孩子在这个年纪或者更早时，家长可以告诉他们，如果有人想摸他们的隐私部位或者行为举止有些反常，要立刻告诉妈妈或爸爸，父母会把这个病人报告给可以治疗他们的人。不要给孩子讲恐怖的故事、看可怕的图片或者使用"怪物""可怕的人"这样的字眼，这么做会让孩子感到害怕。孩子们的心智水平已经足够让他们明白，当这样的人靠近时要避开他们，孩子们也能很快学会将骚扰者与那些和善并带有好意的人区分开来。此外，让孩子感到安心的是，发现这种行为"怪异"的人时，他们有权报告家长。

一个有效预防的方法是家长要掌握孩子的行踪，知道他们去哪儿了，和谁在一起。熟人或亲戚是骚扰者的情况并不少见。然而，如果家长让孩子相信，那些熟悉的人也很可疑，或者大人们都有可能是危险分子，那就是犯了大错、过分紧张了。与其灌输疑虑，制造不信任的气氛，不如让孩子养成习惯，每次离开时都说清楚自己要去哪里、预计离家多久。

总之，采取预防措施是对的，但也要避免惊慌。因为这样做有时会把正常的爱意表达误认作侵犯行为，或者让那些非常敏感和胆怯的孩子心里产生毫无理由的恐惧。

# 童年思维（发展）

　　孩子的思维发展被比作由一系列台阶构成的阶梯，直到不久前还是如此。如今，许多研究结果却将儿童的思维活动比作彼此交织的海浪，而非一个个按照严格顺序接续排列的阶梯。

　　孩子们在思考、学习、识别情绪和使用一些概念时，他们的思维不是直线且严格的，而是像海浪一样起伏。比如，在给一个动词变位时，尽管只有一种形式是正确的，孩子却可能在一天中使用两三种"策略"，在它们之间熟练地切换。类似的，要判断一排扣子里是不是少了一个，4～6岁的儿童会更关注这一排扣子的长度而非个数，这样一来，如果大人想要"欺骗"一下孩子的话，只需要把剩下的扣子间距调大一些就可以了。

　　虽然在儿童发展的某一阶段，他们会更多地使用某种解决问题的方法，但这并不意味着他们不会采用其他更简单的方法，只是在偶尔使用的过程中，他们渐渐会彻底放弃它们。例如，有时他们知道说谎是一种欺骗，可有时他们（年龄小一点的孩子）又觉得只不过是在说"一个不好的词"。同样，5～6岁大的孩子在看电视时，有时能把广告和影片区分开来，把虚构内容和新闻区分开来，但有时他们又会觉得这些内容很相似，从而把它们搞混。这些摇摆不定并不会影响到孩子。

　　随着孩子逐渐长大，正确的策略会占据上风，不过其他策略也不会被完全抛弃，因为这与孩子的情感发育有关。时不时回过头来用用老方法，也确实是很令人安心的。此外，越是困难的问题，孩子们越有可能会退回到需要较长时间或效果较差的简单策略上。如果一种理解方法失败了，那么即使它有效，孩子可能一时半会儿也不会再使用它。对新策略的理解会导致孩子的犹豫和不确定，所以他可能不愿立即放弃老方法而选择新方法，为了安全起见，他更愿意同时采取几种策略。

　　总之，思维发育更像是层叠交织的波浪，一波推着一波向前进。在学习和认识过程中，孩子们遵循一种经验式的方法，对待问题尝试采用各种策略，根据成功与失败的经验，根据他们得到的答案，慢慢选出最有效的做法。人们应当理解并尊重思维的这种实验性活动，它有它的时间与阶段。当孩子问一些十分奇怪的问题时，大人们也不必感到过分惊讶，我们的小听众想通过这些问题消除心中的疑惑，从另一个角度看待问题，排除掉自己脑中可能原本非常喜欢的答案。

　　不过，同样重要的是要知道孩子何时准备好接收一项信息、一个概念，以及何时到达可以深入的时刻。如同维果斯基、布鲁纳等许多著名心理学家所指出的那样，它在于——换句话说——创造条件，让孩子从"现有水平"的认识水平过渡到更高水平（"潜在水平"）。在这两种水平之间的确有所谓的"可能的开发区"，它是对于学习十分敏感的一个空间，可以被我们的孩子用在完成知识上的进步，但不要强求发展的时间。如果我们给孩子们提供的知识太接近他们的"现有水平"，他们就不会有明显进步；可是如果离得太远，孩子同样也不会有进步，至多是一种似懂非懂，不会在脑中留下印象，有时还会让他们感到糊涂。

# 尿床

　　由于种种原因，有的孩子不会接球和抛球，有的不会滑旱冰。不过，在大多数这些情况里，这样的孩子对自己的看法还是正面的。他们可以对自己这样说：毕竟接球或者滑旱冰没有那么重要，连很多大人也不会。可是，那些尿床的孩子就有点可怜了。几乎每天早上起床时，他们都会证明自己无法做到大多数 3 ~ 4 岁孩子能做到的事情。他们知道干爽的床铺非常重要，尿床的人不能去朋友家住，不能去参加露营活动……

　　有多少孩子小时候尿过床呢？男孩比女孩多，而且一般情况下，夜里憋不住尿的孩子的比例会随年龄下降。6 岁的时候大概在 15%，到了14 岁则降为 3%。

　　有关研究表明，导致孩子夜间遗尿的原因有时是孩子生理成熟较慢，对膀胱的控制较差。而且，家长对此的一些负面评价、担忧和责备也会起到影响，让孩子变得更加担忧，从而使症状愈发严重。有些人认为，如果完全忽略这一行为，那么它会在孩子 7 ~ 8 岁时自愈。但实际上想要无视它确实很难，当孩子与同龄人进行比较时，他自己也会意识到自己的缺陷。

　　有些心理学家认为夜间遗尿是某些带有情感特征障碍的一种症状，那些尿床的孩子往往有心理问题的事实似乎也让这一论点更加可信。不过，在许多情况中，心理学家是在孩子尿床多年以后才第一次见到他们。尿床的孩子一直生活在恐惧当中，怕被同伴发现，怕被兄弟姐妹取笑。父母虽然都很有耐心，却也偶尔会抱怨多出来的洗洗涮涮的工作，有时还会对尿味、尿量评论一番。

所以，与其说是心理问题导致了尿床，倒不如说是尿床导致了心理问题。与这种观点一致的现象是，孩子的尿床治好后，他在生活的其他方面也都有所好转，那些之前存在的情感问题也会有所减少，甚至完全消失。不过，父母在为孩子开始治疗之前，最好先咨询一下专业人士。某种方法对一个孩子起作用，可能对另一个孩子却收效甚微，这既与每个孩子的特点有关，也与年龄有关。

此外，有些方法还需要一点训练，需要全家人共同参与配合。

## 如何治疗夜间遗尿

如果孩子到了6～8岁时仍然尿床，该怎么办呢？以下是一些方法。

**减少液体摄入。** 减少傍晚及夜间的液体摄入量能够获得很好的效果。

**用药。** 抗抑郁药物氯米帕明可以减轻约1/3儿童的症状。如果中途停药，70%～80%的情况下症状会复发。只能在其他方法不起作用时短期使用这种治疗方法。

**小小奖励。** 对于大一点的孩子，家长可以因每一个"干爽的夜晚"而奖励孩子，从而建立起他们的信心。不过要注意的是，类似"你要是不尿床了，就会得到一辆自行车"这样的许诺很少能起作用。一般情况下它只能让孩子更焦虑，并且加重症状。小小的奖励偶尔有效，每次成功奖励一张小画片，或者在日历上画小旗，累积到一定数量时可以换取更大奖励。

**训练控制力**。有些尿床的孩子膀胱容量较小，无法憋住足量的尿。这种情况下，一个有效办法是逐步训练孩子的憋尿时长（2小时、4小时……8小时）；另一种是让孩子在每次开始排尿后中断排尿。这种方法可以增强膀胱括约肌功能，帮助孩子养成控制自己排尿反射的习惯。

**夜间唤醒**。在孩子以往尿床几分钟前设定闹钟唤醒孩子。孩子醒来，去厕所排尿，然后回来睡到天亮。在七八个干爽的夜晚之后，可以将闹钟设在孩子以往尿床时间的前一个半小时。之后，逐步缩短这一时间：从1小时到45分钟，再到半小时。至此，很多尿床的孩子可以不依靠闹钟就自己醒来去厕所。

**尿湿提醒器**。这种自动提醒器在国外获得了成功，然而在意大利却不常用。这个仪器外表像一个毯子，里面有两片铜丝网，中间是一块用吸收性材料制成的小垫子，把这个毯子放在孩子身下。当毯子被尿湿时，里面的小垫子吸水后会与两片铜丝网形成闭合电路，触发铃声，唤醒孩子。这个仪器的目的在于将排尿与被惊醒两件事建立联系，最终让孩子能在尿床之前醒来。在这种治疗过程中，约有75%的孩子会停止尿床，可是也有40%的孩子会在6个月内复发。如果再次重复这种治疗，复发的情况就非常少了。

**心理治疗**。如果尿床本质上是由心理原因引起或者相关心理问题同时存在时，需要进行心理治疗。

对于较为顽固的尿床症状，可以将以上方法中的任意两种结合起来使用，能够取得很好的效果。

# 羞耻心

我们的周围到处都有裸体图像。晚间黄金档的电视节目里有，报纸上有，就连路边的广告海报上也有大幅的裸体画面。此外，许多孩子也习惯于见到父母裸体，在这方面，孩子的父母比他们的父母——也就是孩子的爷爷奶奶——要开放得多。

所以，现在的人已经没有羞耻心了吗？并非如此。成年人对此的态度发生了改变，可孩子却没有。我们知道，孩子看待身体、裸体与性的方式与我们成年人是不一样的。我们也知道孩子在这方面更容易受到伤害。

对于特别小的孩子来说，赤身裸体是一种极大的乐趣。2岁之前，裸体意味着舒适自由。这个年纪的孩子会光着身子在家里或者海滩上跑来跑去。偶尔，孩子会停下来认真观察自己与他人的生理区别，但这时他的好奇心还只是智力上的（"那个孩子是小男孩还是小女孩？"），有时他可能想伸手摸一摸，体会一下具体区别。这个时候我们就要和蔼但明确地予以阻止。

然而，到了3～4岁，孩子会进入一个重要的发展阶段，他们开始询问父母关于"性"的问题。有时他们甚至在父母之间制造冲突，或者把父母两人中的一个据为己有（一个4岁的小女孩曾语带挑衅地这样对她的母亲说："等我长大了，我就要和爸爸结婚，然后生个孩子。"）。如果父母的穿着过于暴露，就会对孩子产生影响。孩子长到这么大时，家长的言行要谨慎明确。

再长大一点时——具体年龄因人而异——孩子会出现羞耻心，这是发展的正常阶段。再和孩子开这方面的玩笑就是不尊重孩子了。从这时起，自己或他人的裸体都会让孩子感到尴尬。比如，孩子在洗手间时，会要求大人进来之前先敲门。再比如，一个小男孩去游泳馆游泳时，他可能会要求去独立更衣室，因为如果被妈妈带进女更衣室的话，周围异性的目光会让他觉得不自在。大多数孩子也不愿看到大人们赤身裸体，无论是在家还是在更衣室。在这种环境里，任何人都不应被强求。大人也好，孩子也好，都应当能自由选择他们觉得合理并且与周围环境相适应的做法。

当孩子（无论男女）开始了解到身体在性行为中的作用时，就会出现贞洁意识。即使他对成人的性生活还存在许多困惑，却能从两性的生理差异中感到一股神秘，会懵懂地意识到自己要变成像大孩子和成年人那样还需要很多年。他会开始保护自己，成年人必须尊重这种需要，但同时也要愿意回答孩子关于这方面的问题，哪怕只是用孩子能听懂的非常简单的词汇。

如果父母在家里奉行裸体主义呢？那样的话，随着时间的推移，孩子也会渐渐习惯，长大成人后也会这么做。不过家长要做到以下三点。

◇要让孩子觉得，他们问的那些关于身体的一般性问题，家长都能诚实地回答。

◇要让孩子觉得自己的身体隐私受到尊重。3～4岁以后家长就可以让孩子自己洗澡、上厕所了；即使别人光着身子，他也可以穿着衣服。

◇家里关于身体方面的规矩要清楚明确。

如果孩子能够清楚地明白他的身体属于自己，并且在自己需要的时候能够享有隐私，那么就更容易保护自己免受不法侵害。

# 一起开怀大笑

笑声是最有效的沟通方式之一，它富有感染力和治愈性。如果两个人在一起笑，说明他们创造出了一种友好气氛，没有紧张关系，彼此互相信任。笑声使人无拘无束，让人心情大好。

人们在一起欢笑，可以克服年龄、经验和语言造成的障碍。正是因为这些原因，当我们面对一个小婴儿时，会想方设法逗他开心。费了九牛二虎之力终于成功时，我们会感到十分满意。我们采用的那些方法都是在培养孩子的幽默感，可如果孩子理解不了，那么我们也就无法成功。

每个家长都会逐渐发现，逗宝宝笑的方法有很多。多子女的父母也会发现，对于同一样事物，有的孩子会感到乐不可支，有的却表现得兴味索然，反之亦如此。

从 3 岁起，孩子会表现出各自的喜好。有的会非常喜欢重复性的动作，例如孩子自己坐在婴儿椅上往下扔东西，让妈妈或者爸爸一遍又一遍地去捡。

还有的孩子喜欢的事比较特别，比如，看着遥控车载着自己喜欢的娃娃快速驶入房间。具体什么事情可笑，要看孩子的个人喜好。让一个孩子感到快乐的事情可能会让另一个噘起嘴来。

通过不断尝试，家长很快就能发现自己的宝宝喜欢什么，这样一来，虽然孩子一个词都还不会说，家长却也可以和孩子开始沟通了。家长对孩子的逗乐恰恰就是幽默感的体现。在尝试各种"短剧表演"的同时，家长还会有其他发现。例如，6个月的孩子已经掌握了一些事物的搭配组合方式，会开始欣赏那些荒诞和"不搭"的内容了。

比如，当孩子看到奶奶的老花镜戴在狗狗头上时，就会哈哈大笑。平时吸在儿童椅上的橡胶小人儿，这会儿却吸在了爸爸脑门上，孩子看到了也会笑个不停。

以下内容选自杰克·摩尔的《97招逗孩子笑》，用这些方法可以逗3 ~ 15个月的孩子笑。

◇假装打喷嚏，故意拖长一些声音："阿——阿嚏！"

◇把一块海绵或者一个毛绒小玩具充分打湿，然后把它捏成一个小球藏在手里。然后，在孩子面前打开双手，掌心朝上，让海绵或者小玩具恢复原状。

◇在孩子的座椅桌上放一个金属制品，比方说一个勺子。然后在桌面下移动一块吸铁石，这样就好像桌面上的物品自己会动一样。

◇找一根吸管，用它在宝宝的房间里吹肥皂泡。爸爸抱着孩子，父子俩一起用鼻子去戳泡泡，孩子会笑得更开心。

◇找一个小喷雾瓶，把它洗干净，装上温水，然后对着孩子的小脚丫喷。

◇把孩子放在大床上，让他爬出去几米远。然后抓住他的脚丫轻轻地往回拉。大多数孩子双脚被抓住的时候都会咯咯直笑，让大人把自己拉回去，然后重新往前爬。

◇还有一个经典做法就是对孩子说："你的小脚丫臭死啦！"大人把鼻子凑近孩子的小脚丫，做出一副厌恶的神情并且说道："哟，臭死啦！"（大人和孩子都会笑起来的，不信可以试试。）

◇和孩子一起模仿青蛙的样子，蹲下去跳起来，同时嘴里发出"呱呱"的声音。这样一直做，用不了几分钟孩子就会笑起来。

# 成长的节奏

常常会听到孩子的父母或者爷爷奶奶在一起聊天时比较孩子的表现。"同样都是3岁，为什么娜娜说话就像大孩子一样，而多多却只会说几个短句子？""小诺3.5岁就能跟着我一起看书了，可是小丽都5岁了，却连书页都不翻。"

该如何看待孩子之间的这些差异以及其他区别呢？家长需要为此担心吗？

造成孩子表现差异的原因多种多样，孩子要是都一样的话，我们反而应当感到惊讶。我们每个人都是带着不同的基因组合来到这世上的。同一个家庭里的孩子也不会一模一样。两个孩子，一个头发是褐色的，另一个是金色的，我们会觉得很正常，既然这样，那我们为什么要对他们中一个比另一个具有更强的语言能力感到惊讶呢？此外，有的家庭十分看重语言能力，有的则不然。如果家里面爸爸是画家，妈妈是信息研究员，那么孩子十有八九会在这些领域超过其他同学，即使很难做出确切的预测。

所有新本领的获得都需要大量的投入。如果孩子把大量的精力用来学走路，那么与此同时他就不太能好好学自己吃饭。如果孩子某段时间正在学骑自行车，就会在阅读上少下一些功夫。孩子都一样，所有的事都能学会，只不过顺序肯定不一样。

孩子的某项本领，人们看到的是最后的结果。不过，这却可能经历了数周乃至数月的"准备工作"。尘埃之下，没人察觉到它正在酝酿的事物。我们要尊重这种外表上看不见的努力，相信我们的孩子。再者，由于性格原因，有的孩子刚一明白什么就想要马上展示出来，有的则要等到感觉有把握时才会显示出能力。

我们倾向于采用"看得见"的标准（运动能力、言语能力、阅读能力等）去判断孩子是否有进步，然而孩子却是在人际交往、认知、运动、语言、音乐、空间、自然、心理等方面同时学习的。他们不可能样样都行。每个人都有自己的进步方式，我们要留给他们必要的时间。

并不是说孩子10个月时会走，长大就能成为竞走运动员。也没人能保证孩子4岁时开始写作，长大就能成为一名作家。这些较早出现某种能力的现象并不能说明孩子在某方面就是天才。同样，某些能力出现得较晚，也不代表孩子就不正常。一般情况下，孩子到了5~6岁就都会跑步、讲故事、识字、画小人和做其他事情了。该会的事一样不会落下的。

人们的错误在于把"平均水平"与"正常水平"相混淆。孩子学会一项本领的平均年龄只是一个统计数据，一个平均值而已，它仅仅意味着半数正常儿童能够先于另一半掌握某种能力而已。

既然这样，家长的许多担忧又是为什么呢？我们生活在一个充满竞争的社会中，每个人觉得自己必须高效、能干和敏捷。人们会说早慧的孩子在各方面都要强于同龄人，并且认为这是一个好迹象。不过，人们却忘了，遵循孩子成长节奏的做法才是孩子发展平衡以及未来成功的最佳保障。要注意那些"速成儿童"，他们可能会跳过重要的成熟阶段。家长和老师要保护孩子，帮他们顶住快速成长的压力，因为这些会导致焦虑和挫败。孩子们会有足够的时间变强大。眼下，他们是独一无二的个体，这是他们最大的财富。

　　家长和老师会注意到孩子之间的一些区别，它们大部分都是正常的。每个孩子都在按照自己内在的节奏朝着下一个目标前进。而充满压迫性的环境则会阻碍孩子，毫无益处。我们不能因为孩子没有达到我们的期望就去伤害他们，让他们觉得自己不够好，从而变得焦虑。可是如果孩子的表现与正常水平差得太远时，那就的确要关注一下了。比如，孩子 20 个月了却还不会走；3 岁了却还话不成句。在这种情况下，有必要寻求专家的帮助，他们会告诉我们孩子在某方面出现迟滞的真正原因。

# 6 岁

孩子眼中的世界与我们的不同，家长的任务之一是要明白这种不同都包含哪些内容。比如，一个 6 岁的孩子开始上学后，他会如何思考呢？他会如何与这个世界打交道呢？我们来看一看。

**实际而又魔幻的想法。**一个 6 岁的儿童，尽管他的思维正在变得有逻辑性（具体），但是提炼信息的能力还十分有限，只会从字面上去理解大人的话。凭着想象，孩子可能还会形成一系列理论。这些理论有的很有用，例如："要避免出现在有大型动物、汽车或大卡车出没的地方。"有的很吸引人："一件事如果找不到原因，那么很可能是有魔法。"有的则是错误的："月亮不会掉下来，因为它黏在天上了。"

**思考问题仍然从自我出发。**这个年龄段的孩子会认为，发生的一切事情都有原因，而他们就是这个原因。因此，他们会为和自己毫不相干的事情负责："狗被汽车轧死了，因为我不乖。"孩子的自我主义和天马行空的想法交织在一起，往往会让人听得一头雾水（孩子之前对狗发脾气，希望它死掉；现在，他的念头变成了现实，应该就是因为他）。

**模糊的时间感。**未来和过去只是笼统的范围，没有明确的时间划分。一个 6 岁的孩子如果对你们说几天前发生了一件事，那么这个"几天前"可能是昨天、上星期，甚至可能是上个月。死亡尤其难以理解，因为该年龄段的孩子很难想象生命的终止意味着什么。

**很容易感觉到失落。**有两件事让孩子感到安全放心：一是和熟悉的人去自己了解的环境做熟悉的事；二是大人对事情能够把握和控制。如果孩子无法信赖自己所处的环境，又没有可以指望的大人，孩子就会感到不安。比如那种没完没了的生日派对，或者总是充满刺激和嘈杂的环境。它们会让孩子的脑力与情绪处于超负荷状态，会感到疲惫，于是开始哭闹。当周围环境让孩子感到有压力时，他的行为会发生倒退，做出"小小孩"一样的举动来寻找安全感。孩子感到紧张时，会忘掉刚学会不久的知识或本领——它们十分脆弱，没有掌握好——转而去依赖让他们觉得更安全的"老"办法。

这个年纪的孩子，心智上比之前更加成熟，即使没有亲身遭遇一些事，也会对它们产生恐惧，比如，他们会害怕交通事故、抢劫犯、恐怖分子等。通过阅读，孩子能够获得一种智力上的自信与独立感，不过却也因此获得了一项新能力，他会以一种新的方式去看待世界。于是，又会出现几个月之前还不存在的新担忧或恐惧。

**痛苦创伤。**如果说，有必要知道6岁的孩子正常情况下会想些什么、做些什么，那么就更有必要知道他们在遭遇痛苦时会如何想、如何做。这个年纪的孩子有时会像鹦鹉学舌一样重复自己听到的话。比如，有时他会自言自语："人死了，就永远离开了。"听到孩子这样说，我们会以为他明白死亡是怎么回事儿了，可是过不了两天，当他问起去世的爷爷能不能赶过来给他过生日时，我们又会错愕不已。这时，家长一方面要肯定孩子的愿望："他要是能来那可太好了，不是吗？"而另一方面，也要和蔼地告诉孩子爷爷不会再来了："你还记不记得，咱们之前说过，人死了就不会再回来了。"

孩子期望父母和老师能保护他们、遇事能够做出正确合适的选择。如果大人做不到这些，孩子就会给那些让自己感到不安的事情或情况寻找理由。他们之所以这么做，一是因为他们不敢想象得不到大人的关心；再者，这个年纪的孩子会觉得大人什么样，自己就是什么样。因此，如果大人"坏"或者"蠢"，孩子就会觉得自己也是一样。

## 如何选择学校

我们的孩子该上哪所学校呢？一所优秀的小学具备哪些特点呢？该比对哪些指标进行选择呢？以下是给第一次面对这件事情的家长们的一些建议。

• **学校的教学计划或培养方案**。一所好的学校（或辅导班）应当有它的教学培养计划，它能够保证教学工作有序进行、教师之间高效配合。校长的所作所为非常重要，如果他能对学校的计划大力推行，学校的各项事务会运转得更好。

• **教学方法主动**。要学会知识本领，孩子不能只是听或看，还要动手做。教学方法必须生动，既要有个人活动，也要有集体活动。那种开放式的班级可以让更多的孩子互相接触，从而形成更多刺激。不过，开放并不意味着混乱。

• **师资水平**。想要了解教师水平，可以和上一届毕业班学生的家长打听一下，教一年级新生的老师常常是从毕业班下来的。

• **设有各种活动室的学校**。学生们可以做实验、做陶艺、听音乐、演话剧等。有的学校则会在教室里设置一些活动角。如果能让孩子主动参与进来，这些做法就都能起到作用。小学生还要能够轻松地进入少儿图书馆，阅读适合他们的书籍。

• **户外活动空间。**上幼儿园和小学的孩子应当每天都能在户外或者适宜的室内（如果下雨的话）环境中玩耍。学校里要是能有一小片植物园或者花园会很不错，这样孩子们就能常常去草坪上或小树林里观察一下大自然。也可以带孩子去一些城里的活动场所。

• **全日制。**如果学校的管理有序、活动安排合理，那么孩子一天下来能学到很多东西。有些家长喜欢半日制的学校，子女们下午的活动由他们来安排。不过最好还是让孩子留在学校，跟同学们和老师在一起，而不是只看电视或者打游戏。

• **外语。**教师应当采用积极的、适合孩子年龄的方法，而且教师本人要会讲那门外语，而不只是会读和会写。

• **学校与家庭的配合。**家长应当参与实施孩子的教育计划，了解学校的培养目标。如果家长了解那些新的教学方法，在家辅导孩子也会更轻松。家长与老师应当保持沟通，和睦相处。

• **学校里应当既有女老师也有男老师。**这样一来孩子可以参照的榜样会更多。

• **托管服务。**有些家长不能按照学校的时间接送孩子。家长可以事先打听一下学校里的相关服务。

• **两所好学校之间，选择离家近的那个。**因为学校也是孩子进行社交结识小伙伴的地方。孩子们住得近的话，也更容易凑到一起。

# 谈谈儿童的性

　　进入青春期后，孩子的性意识也会变得明显。在体内激素的作用下，少男少女们感受到了体内的冲动，变得兴奋起来，脑子里一直想着"性"这件事。看看一个 18 岁少年怎么说的："14 岁的时候，我感觉身体像要炸开一样。"然而，如果从最广义的角度去理解"性"这个词的话，它指的实际上是一种人体的感觉，而不仅仅是生理冲动。从孩提时代开始，"性"贯穿于生命的始终。

　　一般情况下，儿童不会像有的青少年那样对性"走火入魔"。不过，他们也是喜欢搂抱亲吻这些肌肤之亲的，而且，他们早晚也会出现手淫行为。

　　早在童年，即青春期的"激素革命"到来之前，性欲就已经存在了，最先指出这一点的是弗洛伊德。他将儿童性行为按照年龄做了严格的阶段划分：一开始，儿童的愉悦感集中在嘴部（口腔期，0 ~ 2 岁），之后出现在肛门处（肛门期，3 岁左右），再到生殖器官周围（性器期，4 ~ 6 岁），而后在潜伏期（4 ~ 6 岁）时"冻结"。对此，许多儿童心理学家莫衷一是，但不可否认，孩子确实在很小的时候就能体验到情欲的快乐。不过，这并不代表儿童之间的相互喜爱会像成年人或青少年那样掺杂性欲的成分。孩子的这些移情行为与性欲无关，只是心理层面的欣赏与认同。

而真正的性快感会出现在手淫以及孩子们做的其他游戏中。关于手淫，虽然不是所有的孩子都会这么做，但这种行为也应当被视为是正常与普遍的。可是如果这种行为太过频繁和不受控制，甚至出现在公共场所、学校班级等不适宜的场合，就是一种病态了。

　　上述类似情况可能说明孩子内心比较孤独，缺少让自己感到快乐的方法。有时会受到家人或其他人的影响，也可能是孩子的一种超应激现象，与基因方面的问题有关。有时，孩子觉得自己依赖的人——比如父母——不关心自己，或者在学校里不合群，什么事都做不好。这些感觉也可能导致孩子频繁手淫。

　　孩子也会做一些和性有关的游戏。5～12岁的孩子，会玩类似"爸爸和妈妈"或者"医生和护士"之类的游戏，情欲掺进了对人体的好奇之中。

　　孩子通过这些游戏认识到男女确实存在生理差异，没有什么错误或者不正常情况，他们就会感到放心。此外，由于孩子们的经历、成长环境都不一样，这些游戏有时可能会蕴含一些其他成分："禁果"的秘密，违规行为的快乐，同龄人的压力，模仿在生活中、电影或电视里看到的成年人表达爱意的方式。

　　与手淫一样，孩子做游戏时也可能出现一些"过火"行为。那种带有性色彩的游戏有时会对孩子造成伤害，比如，孩子被同龄人逼着做一些不愿意做的事，或者成为小"虐待狂"们的施暴对象，又或者往自己的身体里放置异物，对自己使用某些工具。出现这种情况时，大人要及时干预，不用表现出太多忧虑，但态度要坚决，同时也不要以惩罚谁为目的。要给孩子讲清楚为什么有些事不能做，采用幽默的方式化解孩子之间的矛盾。

# 手淫

**6～8个月**的男婴可能会在偶然情况下——比如在换尿布的时候——发现自己的小鸡鸡，并且出于好奇开始摆弄它，就像摆弄身体的其他部位一样。小女孩发现外阴的时间要晚一些，大概在 10～12 个月。在 1～3 岁，出于好奇，小女孩可能会像往嘴、鼻孔或耳朵里放东西一样往外阴处塞入一些小物体。在 2.5 岁到 5 岁之间，男孩和女孩偶尔会触摸自己的生殖器，想要获得快感。有的孩子紧张的时候会抓摸自己的阴部。

**5～6岁**时，有 10%～15% 的孩子会出现手淫行为。

**6岁**开始，孩子的手淫行为一般就比较隐蔽了。有的可能会隔着衣服做，而不会去想别人可能会发现他在做的事。但是一般情况下，在被父母、哥哥姐姐或者同学们发现后，他们会很快意识到有些事不能在公共场合做。但是，那些由焦虑导致的操作和检查（比如检查一下小鸡鸡还在不在身上）行为仍旧相对公开，这种情况会持续到 8 岁左右。

**青春期**（约 13～14 岁）里，几乎所有的男生都会手淫。少数人偶尔手淫，多数人每周手淫 3 次，约 5% 的人每天手淫。约有 50%～60% 的女孩有手淫行为。当然，这些只是调查的结果，并无实质证据。

# 独自在家

## 独自在家的孩子

　　住在楼房里且家庭人口不多，使得越来越多的孩子放学后都要独自待在家里等父母回来。有的孩子，尤其是年龄大一点的，觉得这没什么，能够做自己的事。有的却不愿意自己待着，他们会觉得孤单、害怕或者变得抑郁。12 岁以下的孩子，不是所有人都有应对一些意外情况的能力，比如陌生人按响门禁电话时敢去接听，停电时保持镇定，周围出现奇怪的响动不害怕。所以，那些下午常常独自在家待着的孩子，很多看上去都忧心忡忡，有的脾气还很凶，相比其他孩子更容易出现肚子疼、头疼、睡不踏实等身心方面的症状。虽然说家里面最好有其他人陪着孩子，不要让孩子单独待太久，但是随着孩子逐渐成长，他们能够自己待在家里，不捣乱、不受惊吓、不变得忧郁，也是一件好事。为此，必须避免某些错误，遵循一些策略。

## 要避免的事

　　◇永远不要用孤独或遗弃作为恐吓或要挟孩子的手段，因为这样一来，孩子就会觉得独自一人待着，哪怕时间很短也是一种惩罚或者难以把握的事。

◇如果孩子对自己待在家里感到担忧，家长也不要让孩子觉得自己很胆小或幼稚。那些很在意他人想法的孩子，是很看重自己在父母心中的印象的。

◇家长们不要在孩子之间做比较，因为孩子与孩子是不一样的。面对新事物新情况，有的孩子需要更长时间的帮助才能获得安全感，变得独立。


## 要做的事


◇一个有效且值得推荐的方法就是尽量减少孩子独处的时间。比如，可以和其他家长约定，让孩子们待在一起，家长们轮流看护。

◇打电话。听到家长的声音，孩子们的孤独感就会少一些。在一起谈心时，有的孩子曾告诉过我，他们放学后坐在校车上时就已经想好回家要给爸爸妈妈讲的事情了。所以，孩子回到家时，最好能给爸爸妈妈、亲朋好友打打电话。从热闹的班级转到空荡荡的家，熟悉的声音能让这种转换变得容易一些。

◇如果父母迟迟不回家，有的孩子会感到害怕，并且想象出最坏的情况。因此，不能及时回家时，家长最好能提前告诉孩子并说明原因，让他们逐渐习惯一些意外情况，而不至于陷入恐慌。

◇可以提前安排好孩子的活动。不仅仅是作业、读书、看电视或者玩电脑，还要安排一些家务——比如收拾桌子，整理物品，有人打电话过来时做好记录——这些事都能用来打发时间。孩子自己待在家里时最常说的一句抱怨的话就是："好无聊啊！不知道做什么！"如果没有人明确地为他们规划下午的活动，许多孩子最后就是看电视。

◇对于遗忘物品、小意外、突发事件等情况，家长应当给予孩子一些有效的指导。比如说，谁都有可能丢失或忘带钥匙。最好要能预料到这种可能，并且给出补救办法（比如在邻居那儿放一把备用钥匙）。然而，如果孩子经常忘带钥匙，说明孩子还不习惯自己带钥匙这件事。此外，还要教会孩子，陌生人按门铃时怎么回答、接到骚扰电话怎么办、家里漏水怎么办、起风时怎么把窗户关上等。有些比较复杂的实用技能，孩子是能学会的，只是人们往往低估了他们的能力。

◇家长回到家以后，一家人要待在一起，聊聊天，讲讲一天的事，思考一下遇到的小问题。这样，家长也能了解到孩子遇到的困难，多给孩子点信心。

## 自测题

家长可以让孩子回答（或者试着站在他们的角度回答）下面一些问题，看看孩子能不能在家独处。在边的数字代表相应的分值，家长要根据孩子的回答圈出数字：

0= 孩子不知道怎么办

1= 孩子隐约知道该怎么办

2= 孩子可以自己解决

### 内容

0 1 2    1. 我知道妈妈和／或爸爸几点回家。

0 1 2    2. 妈妈或爸爸下班晚了的话，我知道该怎么做。

0 1 2    3. 放学回到家以后，我会告诉家长。

0 1 2    4. 要出门的话，我会告诉家里人我去哪里以及什么时候回来。

0 1 2    5. 必要时，我知道找谁帮忙。

0 1 2    6. 我一个人如果觉得害怕或者孤单，我可以去找朋友或邻居。

0 1 2    7. 我可以自己度过下午的时间而不感到无聊。

0 1 2　8. 听到奇怪的响声时，我知道该怎么做。

0 1 2　9. 被刀切破手时，我知道该怎么办。

0 1 2　10. 不小心烫到了，我知道该怎么办。

0 1 2　11. 头疼或肚子疼的时候，我知道该怎么办。

0 1 2　12. 在吃药之前，我会问父母、信赖的人或者医生。

0 1 2　13. 我知道如何使用家用电器。

0 1 2　14. 我会拨打报警电话。

0 1 2　15. 被陌生人跟踪时，我知道该怎么办。

0 1 2　16. 把钥匙弄丢或者落在别处时，我知道该怎么办。

0 1 2　17. 丢了钱或者公交卡时，我知道该怎么办。

0 1 2　18. 父母不在家，有人打电话急着找他们时，我知道该怎么办。

0 1 2　19. 我知道，和陌生人打电话时，不能告诉对方家里只有我
自己一人。

0 1 2　20. 有人打骚扰电话时，我会挂断。

0 1 2　21. 陌生人按门铃或拨通单元楼对讲电话时，我知道说什么。

0 1 2　22. 我不能给陌生人开门，不管他说什么，哪怕他穿着制服。

0 1 2　23. 停电时，我知道该怎么办。

0 1 2　24. 放学回来发现家门开着时，我知道该怎么办。

0 1 2　25. 我知道家附近哪里比较安全，哪里不应该去。


完成所有内容后，把每道题的分数相加得到总分。分数对应结果
如下：

45 ~ 50　孩子可以独自待着。

40 ~ 45　孩子可以应对一些情况。家长还要再努把力，之后就轻
松了。

40 及以下　目前最好不要让孩子独自待在家里。家长要花时间帮
助孩子应对那些他现在还无法控制的情况。

# 睡觉

在让孩子睡觉这件事上，哪个父母没犯过难？把孩子哄到床上老老实实地躺着，对许多家长来说绝非易事。

特别是当家长忙完一天的工作想要清静一会儿时，这件事会变得难上加难。可以肯定的一个事实是：孩子需要睡觉。可是怎样才能说服他们呢？家长不能逼着孩子睡，不过可以让他们到了某个时间就去自己房间里安静地躺着。如果以此为目标，事情就好办多了。孩子处在安静的环境中，困了自然就会睡去。

**孩子为什么不愿睡觉？** 对孩子来说，去睡觉意味着离开父母，放下玩具，不能再看电视了。接下来的 8 ~ 10 个小时里，他们要在黑暗中度过……这就是为什么孩子愿意醒着。

**孩子只有相信自己、相信父母，才能面对这种分别。** 所以，一方面，孩子在离开之前应当能得到家长的一些关怀与爱意（比如晚安亲吻、睡前故事）；另一方面，父母也要表现出统一与坚定。睡前的一套程序也很重要。

**睡觉时间与睡前程序。** 睡前一小时的安排是成功的关键。首先要确定合理的起居作息，什么时候起床，什么时候午睡，什么时候和父母在一起等，然后予以执行。养成习惯之后，偶尔可以允许一些例外情况（当然，一定要少）。睡前一小时，告诉孩子："再过半小时就要准备上床睡觉了。"

再过一会儿："还有 10 分钟。"（可以借助计时器或者沙漏……）最后："走吧，尿尿、洗漱然后睡觉。"那些不喜欢看时间的孩子会很高兴有人提醒他们。

睡前半小时要开始睡前程序，每天都要一样，这会让孩子感到从容。每家的程序都不一样，重要的是按顺序执行各项流程：例如，先刷牙，然后尿尿，把小熊摆在床边，听睡前故事，最后亲亲道晚安。

**学会分别。**"好好睡吧，做个好梦，明早见。"到了睡觉时间，家长与孩子分开之前，可以柔声对他说些类似的话。要注意，家长说这些话的时候语气要平静，而且家长离开孩子以后就不要再回来了，除非有特殊情况。有的孩子想开着小夜灯，有的不想把门关严。这些要求合情合理，尤其对于 3 ~ 8 岁的孩子来说。

如果孩子说他不累，家长可以允许他开着床头灯，翻翻画册或者看看书。如果孩子说"我不困！"，家长只需要简单回答："好啊，那你晚点再睡，乖乖躺着（或者待在房间里），要保持安静。现在不是玩耍时间，是爸爸妈妈的时间了。听话，我 10 分钟之后回来和你道晚安。"

学龄前和学龄儿童喜欢在睡前听父母或爷爷奶奶讲一个故事，这样就觉得自己是大人了，而且能安然入睡。

孩子要是抗议呢？告诉孩子，每个人晚上都要睡觉，这样第二天才能有精神。小动物晚上也会在它们的窝里睡觉。"妈妈和爸爸一会儿也要睡觉了。"

如果家长已经离开了，孩子又在房间里吵着要喝水，那么父亲或母亲回去的时候态度一定要坚决："这是你要的水，到此为止了啊，再喊也没用了，明天见。"既然说了最后一次，那就一定是最后一次。

有的家长可能会想躺下来陪孩子入睡。忍住，不能这么做。否则，你们就剥夺了一次让孩子独立自主的机会,而且这样做只会更难让孩子入睡。

家长们可以事先预想好孩子都会提哪些要求并做好准备,这样他们就没什么可再要了。比如,孩子想要床头有杯水,家长就可以在孩子上床之前准备好一杯水放在那里。执行睡前程序的时候要哄着孩子,但是之后态度一定要坚决。如果孩子明白,并不是只要他一喊你们就会回来,他也就不会再闹了。

孩子喊的时候,家长也可以在远处回应:"哎,我在呢,没事,睡觉吧。"多重复几次,孩子觉得无聊,也就不会再喊了。

不要让孩子觉得他是家里的主人,可以随意支使父母。表面上看,孩子似乎非常乐于支配父母,而实际上这会令他感到不安。父母能够掌控局面,关心他们,才能让孩子真正感觉到心安。

## 这些事不要做

让孩子在父母床上或者客厅沙发上睡觉。

为了不让孩子要闹,允许他躺下后再起来,或者满足他的各种要求。

要是孩子发脾气,家长表现得越是平静与坚定,孩子就能越快停止喊叫。

表扬孩子不用听故事就能睡觉,或者他的其他一些小进步。按时睡觉这件事很正常,不值得大力夸奖。

# 敏感

　　"孩子动不动就生气。""他特别敏感。""什么事都不能说，一说就翻脸。"提到孩子和青少年，类似的话并不少见。那些对他人评价非常敏感的人，不仅无法忍受批评，在觉得自己不被认可，或者有人与自己意见相左时，情绪也会变得很差，而且可能会对他人十分苛刻。那些敏感的孩子受不了别人拿他们开玩笑，他们会生气，要么闷在心里，要么以暴力回应。

　　在 5 ~ 12 岁的孩子当中，这种过度敏感十分常见。这个年纪的孩子在家待的时间变少了，与同龄人在一起的时间变多了，他们察觉到了家庭环境与外界的不同，家是避风港，到了外面有事就要自己扛了。

　　不过，有的孩子只是偶尔生气或发脾气，有的却常常生气或者长时间处于愤怒等不良情绪中，这两种孩子之间是存在区别的。同样，一个敏感的 5 ~ 6 岁儿童和一个敏感的 12 ~ 14 岁少年之间也存在区别。

　　那些为一点小事就生气或者看上去总是闷闷不乐的孩子，也往往会非常在意他人的语气、表情和态度。他们能从人们的一丁点小动作中"解读"出大量的信息，然而这种能力反过来也会让他们无法与人交往。不过，孩子之所以对批评过分敏感，也可能是由于其他原因。

　　**觉得自己"不行"**。觉得自己"这也不行，那也不行"，这样的孩子

246

更加脆弱。伤害一个没有自信、否定自我的孩子非常容易，哪怕是善意的评价，可能都会被他们理解为对自己的攻击。许多孩子在成人或者比他大的孩子面前会感觉自己很差劲。的确，孩子们非常在意大人们的看法，这些人的话就是真理。所以，一句批评就会让他们深陷其中，无法自拔。

这些脆弱的孩子当中，有的与其说是因为年龄，倒不如说是他们觉得自己在同龄人当中是个异类，觉得自卑，或者在集体中不受重视。比如，自己的肤色和班里其他同学不一样，或者大家都能轻松做到的事情，自己却做不来。

有时，家庭环境也会让孩子产生这种感觉，比如当看到弟弟出生时，或者和兄弟姐妹们争宠时。在有的孩子看来，父母不只关心他，也关心其他孩子，单是这件事就足以让他感觉到自卑，从而大发脾气。不管是有理还是无理，觉得自己不受重视或者不如哥哥姐姐的孩子，很难经得起别人的玩笑，即使对方出于善意。

**期望过高，不切实际。**当孩子对他人抱有太多期望时（想要被所有人接受，或者以为周围人都很完美），到头来往往会失望。过分的宠爱或者保护性过强的教育方式都会导致孩子产生一些不切实际的期待。从小被宠着长大的孩子会觉得，自己的每一个愿望肯定有人能予以满足，自己的每一个问题肯定有人能解决。习惯了家长的有求必应，听惯了表扬赞美，从小被众星捧月般呵护照顾，这样的孩子经不起批评，尤其不会考虑别人的需要、脆弱和"黯淡"时刻。

**控制别人。**有些家长，孩子一哭闹，他们就会自责。于是，孩子就会利用这一点，获得更多关心和好处。这样会形成一种恶性循环，孩子从大人那里得到的关注越多，他们就愈发变得易激惹。家长如果当着孩子的面向他人抱怨孩子太过敏感、老是缠着他们，孩子可能就会陷入这种角色中，拒绝做出改变。

**先天性高度敏感。**有的孩子生来就不具备太强的适应能力，他们不喜欢变化，情绪波动频繁，即使是正常的环境也会给他们带来极大压力。没办法，这是天生的！与那些性格温顺的孩子相比，他们的神经系统运作方式有所不同，一点小事就会让他们变得激动，对那些在普通人看来是中性的刺激也会过度反应。

但是，人们应当记住，一般情况下，随着孩子逐渐成长、成熟、阅历不断丰富，他们会变得更擅长与人交往，能更好地理解他人的想法，也能更好地面对批评，这个过程是自然而然的。不过，大人也可以采取以下方法起到一些推动作用。

## 大人该做些什么？

**培养孩子对事情的容忍能力。**一个被过度保护的孩子，不太能接受批评，分不清哪些批评是为了他好，哪些则语带贬损，也不善于用恰当的方式回应。家长如果想帮孩子变得更加自信与独立，就要一步步教会孩子接受不同意见，以平和的态度与幽默感应对他人的敌意或冷漠。还要让孩子一点点明白，不是自己想要什么就一定会得到，一些小小的不如意和环境变化都可以被接受。孩子们应当学着"接到球再扔回去"。有许多方法可以培养这种能力。比如，大人可以用开玩笑的口吻对孩子说："我觉得你还不够聪明，不知道这个玩具怎么玩。"孩子会明白，人们说的话往往有两层意思，家长的这句话并不是说他笨，而是在用激将法。不仅如此，孩子也能学会不因他人的嘲讽而觉得受伤。

除了温和的嘲弄，游戏也可以帮助孩子培养宽容的能力。让两个小木偶互相指责，孩子也能学会从多角度看待事物。

**教会孩子推理。** 那些过度敏感的孩子会觉得所有的批评都是在贬低他们、说他们不行。由于孩子的思维方式是绝对的（好—坏、黑—白），所以要让他们明白事情不是只有极端情况，还有中间情况。比方说，所有人都会犯错，但这并不是说第一次错了，之后就一定会再错。也要让孩子明白，虽然有时被人取笑的感觉不太好，但也不必因此就觉得自己"坏"或者"笨"。

此外，有的批评是中肯与善意的，有的却毫无理由或非常过分，后者是由于别人生气或者不了解情况，从而无法做出客观评价。对此，孩子要学会加以区分。

**发展内部言语。** 可以让那些极度敏感和冲动的孩子知道，他们对待各种事情的反应都太过激烈，而其实，随着时间的推移，他们是可以学会压制住这种冲动的。比如，别人说自己不好时，可以不用马上回应，而是去做别的事，或者告诉自己信赖的人。有的孩子能够发展出他们的内部语言，遇到批评时为自己解围。例如，要是老师说"你的答案错了"，孩子会在心里说"错就错了吧，但这不代表我什么都不会……"；听到比自己大的孩子骂"你是个大笨蛋"，孩子心里会想"别人说我是大笨蛋，这不代表我真的傻，我数学学得还不错呢"等。

**榜样与反馈。** 如果孩子看到家长本身就非常敏感与不安，对批评的反应十分激烈，也就会效仿他们的做法。家长要是经得起批评、开得起玩笑，并且能和别人心平气和地谈论不同看法，就会为孩子树立起好榜样。询问他人的意见也是一种好方法，这样做会表现出自己能够接受建设性的意见。通过观察大人之间和睦相处，孩子能学到许多东西。比如，甲不同意乙的看法，却仍然可以听乙讲话。这样一来，孩子就会明白生活中有许多情况是非常复杂的。

**强化孩子的自尊心。**那些能够很好地适应周围环境、智力水平和社交能力与年龄相符的孩子更经得起批评。在一个可能将其置于危机中的负面评价面前，他们具备一种修复能力，如果将这种做法总结成一句话，大概就是："有人觉得我什么也不是，但实际上我许多事做得还可以呢。"

孩子有成就，有能力，有兴趣爱好，能独立自主，这些都会为他们带来安全感。一件事做不好，但另一件事做得好，这依然能使孩子保有自尊心。不要低估任何人，每个孩子都有自己擅长的领域。

# 电视

　　人们在"孩子与电视"的话题上争论不休。有人强调优点,有人指出不足。可是家长们必须做出选择:到底让不让孩子看电视?

　　所有的调查都表明,许多孩子从学前阶段起就被各种电视画面包围了。电视频道的增多、网络运营商们竞相推出的优惠活动导致了这一现象。家中只有一台电视机的家庭很少,而给孩子的房间也安装电视的家庭却非常多。调查结果显示,部分意大利儿童早在学前阶段每天会看 2 ~ 3 个小时的电视,然而他们平均每天在屏幕前度过的时间其实不应当超过 30 分钟( 考虑到孩子们的年龄,他们需要活动,需要有自己的体验,学习说话和社交 )。尤其不应当让 1 ~ 3 岁的幼儿看电视,因为他们会被电视画面所吸引,无法移开目光。对这个年纪的孩子来说,电视真的会像玩具熊一样成为孩子的一种依恋对象,也就是妈妈不在时的替代物。就这样,在接下来的岁月中,电视在孩子的生活中扮演了本不该有的重要角色,这不仅是因为它让孩子在该活动的时候静止不动、该说话的时候沉默不语,更是因为孩子已经在情感上离不开电视了。

　　这种图像的大量涌入会产生多重结果。电视上播放的少儿节目可以丰富孩子们的知识,让他们觉得开心,而且从某个年龄段（也就是孩子已经具备语言基础时）开始,还可以扩大他们的词汇量。然而相应的弊端却也不容忽视，尤其是当孩子已经看电视成瘾的时候。在电视机前，孩子只是被动地观察眼前的画面，他们并没有参与其中。孩子年龄越小，越难跟上故事情节，那些画面只是盘踞在头脑中，让他们感受到陪伴。除了操作遥控器，他们不用做任何事，这会抑制他们的想象力和创造力。而且，孩子在6～7岁之前也很难区分虚构与现实。此外，许多信息都是从电视节目主持人、演员以及小说、动画片或广告中的人物那里随机获得的，孩子并不认识这些人，无法与之对话、交流或进一步接触。

当然，并非所有的电视内容都不好。某些益智节目可以看，但是让孩子可以看任何节目的做法却很危险，尤其是当大人不在的时候。暂且不提节目内容，看电视时受到的一系列声光刺激都会让孩子们变得兴奋，有时可能会导致他们出现暴力行为或者无理取闹。

还有一个问题值得思考，那就是"窥视"效应。在电视新闻中，孩子可以看到各种画面：从恐怖分子对人质的行刑场面，到儿童被炮弹炸伤后的惨状，再到各种痛苦和绝望的情形。难道我们真的可以坚持认为，这些画面对于那些5～7岁、不谙世事的孩子和成年人来说具有同样的信息价值吗？它们的"教育"价值何在？由于孩子还无法分清虚构与现实，更不能区分"真"与"逼真"，所以，孩子可能会发挥思想的包容性，把所有从电视上看到的事情都归为"演着玩儿的"。或者，当他们明白这些事与现实有关时，心灵就会受到巨大的伤害。不要忘了，成长是循序渐进的过程，揠苗助长会让孩子吃不消的。

最后，还要考虑到那些充斥在电视节目（包括一些儿童节目）中的商业广告。这些广告与其说是在描述商品的特点，倒不如说是在通过一套基于有效条件反射机制的话术影响观众。这也就是为什么孩子看到广告后，会要求爸爸妈妈购买电视上的广告产品。

## 我们把电视放回原位吧

在许多家庭里，电视的角色都过于夸张。它端坐在客厅中央、隐蔽在厨房，在卧室甚至卫生间里也有容身的地方，仿佛人们离开了那些连续不断的图像、声音和文字就无法生活一样。如何让电视回归原位呢？以下是一些建议。

• 调整家具位置，弱化电视在家里的地位。当看电视这件事不再那么方便时，它的吸引力也会随之降低。

• 减少家中电视机的数量。

• 把电视从儿童房搬走。

• 吃饭的时候要把电视关掉。

• 避免让孩子吃早餐的时候看电视。否则，孩子光顾着看电视，时间长了，就感觉不出自己是饱是饿了。

• 只在有值得看的内容时才打开电视。

• 明确看电视的时限，但是要采用肯定的语句。不要说 " 你不能看电视了 "，而要说 " 我们把电视关了，这样我们就可以……"。

• 避免让电视当保姆。家长要让孩子做一些家务。

• 宣布每周有几天为 " 无电视日 "。

• 如果孩子告诉你他很无聊，不要担心，一些奇思创意往往都是从无聊中诞生的。

• 不要让电视代替更重要的事情，比如玩耍、聊天、阅读……

# 性情

我们与孩子之间是否合拍取决于很多因素，其中就包括我们和他们的性情。性情相投的人会有共同的兴趣爱好、热衷于同样的事情。比如，性格随和、精力充沛的人，与自己相似的人相处时就会感到很轻松。他们知道，对方不会因为自己一句稍显粗鲁的批评而生气，而是会继续与自己和睦相处。另一方面，对新事物、新环境比较慢热的人，可能会觉得那些能够快速适应环境、对什么都感兴趣、什么都想尝试的人很烦。性情是人格的一种维度，即使生活经历与后天学习可能会改变它的某些方面，但它本身往往是不容易发生改变的。

了解不同的性情类型可以让我们更好地理解自己和他人的反应、品位与兴趣上的差异，如果对方是我们的儿女或孙辈，我们就能以最有效的方式与其沟通。比如，家长想让一个活泼好动的孩子安生地坐在自己身边，纯属白费力气，最好让他先去户外活动尽情释放自我，然后再提醒他必须做作业了。

在著名的性情研究学者阿诺德·巴斯和罗伯特·普洛明看来，性情主要有三种倾向。

**情绪性。**这种性情的人对外界的刺激非常敏感。这样的孩子很难安抚，还有可能很容易受到惊吓或生气。

**活动性。**是指一个人表现出的每种行为的数量：运动量、语速、活动中消耗的能量、精力的充沛度。一个活泼的孩子，看上去像是能从自身获得能量，所以比起一个要依赖别人才能表现出主动性的不活泼的孩子，更容易照顾。

**社交性。**有的孩子喜欢独处，并不一定要求他人陪伴自己。有的却相反，就连对陌生人都表现得非常热情。

然而，人的性情特征并不只有这些。还有其他诸如适应性（以及它的反面）、生理节律的规律／不规律性、情绪正常与否、专注性、注意力分散／集中性等。这些特征可以随意"混搭"，构成各种各样的性情类型。

那些温顺的孩子，他们的特点是生理上具有规律性，对新刺激的反应比较正向，能较好地适应变化，性情温和或略带活泼。他们能很快入睡，能够适应人生中出现的新变化——比如开始上学，能够大方地面对陌生人，对于让自己失望的事情，一般也能较为平静地接受。而那些"难对付"的孩子生理上则表现出不规律，易怒，难以适应变化而且往往会出现剧烈的情绪波动。随着时间的推移，如果有人耐心地陪伴在他们身边，或者他们开始了解自己，情况就会有所好转。在这两种极端类型之间，还有一系列各种各样的层次与区别。

不同的性情相遇时会产生不同的、往往是意想不到的结果。父母和孩子性情相近的话，双方很快就能达成共识，自然也就会有共同的兴趣爱好。如果双方都是"难对付"的性格，那么由于彼此相互承认，所以还是能够基本达成一致，只不过很可能出现摩擦与争执。所以，这种情况下，良好的亲子关系取决于年长的一方，也就是家长这边。他们了解自己，了解自己的性情类型，也理解孩子，能预料到他的反应并且明白如何与之和睦相处。

即便是不同的性情，也会有共同之处的。

## 理解并应对不同

　　一个活泼好动、适应能力较差而且情绪起伏不定的孩子，要比一个较为安静、适应能力强的孩子更难管教。但是，性情是天生的，没有对错之说。大人们能做的就是帮助孩子接纳自我，减轻他们的不适感，让他们变得不再那么敏感、容易分心或者抗拒变化等。从另一个方面看，导致孩子出问题的不是性情本身，而是"环境－性情"的共同作用。那些活跃的、好奇心强的孩子，在那种能让他们自由活动、主动做事的环境中会感到非常自在，而在狭小单调的环境中会感觉很差。相反，那些慢热的孩子，他们不喜欢新事物，而更喜欢重复、稳妥的生活方式。了解性情间的差异，对于决定最合适的干预措施非常重要。下面是一些例子。

　　各位家长，如果你 6 岁的儿子一参加集体活动就紧张，那么为了尽量避免他当众失态，你可以缩短参加聚会的时间，或者当孩子行为出格时，就把他带到一边，让他和你做一些事平静下来，然后再回到小朋友当中，而不只是责备孩子煞风景。这不是他的错。也可以提议让大家伙换个活动。如果你 9 岁的女儿由于睡眠节律紊乱而不愿睡觉并且入睡困难，你可以把上床和睡觉的时间加以区分。上床并不意味着关灯和马上睡觉。孩子可以看书、画画，直到睡着。通过这种方法，既为孩子建立了规则，又没有妨碍他们的生理特质。如果你 4 岁的儿子由于难以适应变化而拒绝尝试任何新食物，那么你可以编一个有趣的小故事。比如说，孩子习惯了绿色蔬菜而不吃胡萝卜，你就可以这样讲：胡萝卜是一位英雄，从很远的地方来，性格非常友善，其他绿色蔬菜都很喜欢它，想方设法让它和大家出现在同一盘菜里。还要能够区分，哪种行为是性情造成的，哪种不是。孩子活泼好动、在家里跑着玩时不小心碰倒花瓶，和孩子故意打碎花瓶是不一样的，对于这两件事家长的态度应当有所不同。同样，孩子的某种反应是先天性情使然，还是后天习得，家长也是有必要了解的。

# 孩子的幽默感

有些事情之所以好笑，是因为它们总是"出其不意"，和人们普通的参照模式（感知的、运动的、语言的、认知的、社会的）形成反差，带来片刻的疑问或悬念。不过，孩子觉得好笑的事，大人往往不觉得，反之亦然。

接下来这个笑话就很典型，学龄前儿童听了会哈哈大笑，而我们大人却觉得无感。"大抽油烟机会对小抽油烟机说什么呢——你还太小，不能'抽烟'！"一个人的幽默感会随着年龄、经历、所处的文化环境、可能存在的顾虑以及性情而变化。18 ~ 24 个月的孩子会觉得日常用品的不寻常使用方式很好笑。比如，爸爸突然从衣服里一把拿出"走丢了"的玩具熊。这种不寻常的场景会让孩子觉得很好玩。3 ~ 6 岁时，随着语言能力的发展，孩子会很喜欢词语游戏，尽管我们大人并不懂他们到底是觉得词的意思好笑，还是词的发音好笑。这个年纪的孩子也会觉得鬼脸、摔倒等滑稽动作非常有趣，因为他们自己还没有完全掌握运动能力，所以会对这些事情格外关注。

孩子上小学后，当他们发现教育和社交有它们的规则时，那些"离经叛道"的事——不管是无心之举，还是有意为之——都会让他们乐不可支。

这就是为什么许多孩子觉得 *Paperissima*① 这样的电视节目很有趣，而成年人对此却反应平平，尤其是当那些场景在预料之中时。

---

① 意大利的一档语言类电视节目。——编者注

# 假期

## 离开父母去度假

暑假里，人们可以从繁重的工作中抽出身来，与孩子们在一起玩耍、交谈，增进对彼此的了解。假期也是培养孩子独立的机会，漫长的暑假里，孩子可以和家人在一起，也可以自己体验一把独立生活。不过这两种情况，尤其是第二种，都需要提前计划和安排，家长可以听听孩子的想法，看看是否可行，让孩子先有个思想准备。

如今，在意大利和国外，夏令营、假期培训班这样的活动非常多，家长可以有很多选择。这些活动的涉及面也非常广泛，从海边到山林，从露营体验到外语辅导，从体育锻炼再到手工制作。一般说来，孩子会在老师、教练或其他人员的安排和带领下参与到各种各样的集体活动当中，每个孩子都能获得个人体验。

在决定参加何种活动之前，有必要咨询相应的机构，也要询问有过相关经历的家长和孩子们的看法。

## 无家长陪伴假期的优点

孩子在没有父母陪伴的情况下度过假期是一项重要经历，以这种方式，孩子可以体验与家不一样的环境与行事方法，他们会接触到其他性格年龄各异的小朋友，这会让他们变得更有责任心、具有更强的适应能力，并且会更加相信自己的能力，变得更加勇敢与爱交际，也更愿意动手做事。

一个小孩子，离开了家的保护，来到一个集体环境，那么他确实就要更多地靠自己了。家里人会无条件地接纳他，有的时候，大家还会宠着他，关注他的一举一动。而离开家后，他就需要找到自己在集体中的位置，让自己被他人接纳，摸索与他人和睦相处的办法，建立友谊，应对不同的环境。他也要放弃一些小时候觉得天经地义的特权。

这是一个不同的心理世界。必须了解规则，并采取相应的行动。

## 我们对这件事做好准备了吗？

虽然上面提到的是优点，许多家长却还有几分犹豫。他们常常会问：孩子多大时可以开始这样做呢？孩子会不会想家？他在外面能睡好吗？要是饭菜不合胃口，孩子会吃吗？被人欺负的话，孩子会不会自我防卫？他会洗澡吗？要是出了意外怎么办？诸如此类问题，尤其在孩子第一次离家时，都可以理解。

**年龄**。许多孩子在 8 ~ 11 岁的时候就可以开始做这件事了，并不是说这个年龄本身是成熟的标志，而是很大程度上要看孩子的性格、适应能力以及是否有和兄弟姐妹或者独自在外居住的经历。

**循序渐进**。孩子 6 ~ 8 岁时，家长可以开始让孩子参加当地的一些日常活动。孩子早上出门，和其他小伙伴还有辅导教员们见面，然后一上午或一整天都在外面（一般是户外）度过，最后再回家。这些活动可以先持续 15 天，然后是 20 天，再然后是 30 天。还有一种制造短期离别的方法，就是让孩子去一个朋友家里住 1 ~ 2 天，在那边过夜，这是在为之后的长时间分离打基础。这种体验对两个孩子都有好处。当家长发现孩子可以离开家在外面过夜时，就可以让孩子参加一个为期一周的离家假期活动了。

**自主。**那些从小就被鼓励"自己的事情自己做"的孩子，他们可以处理生活中的许多小问题，不会总是依赖大人，这样的孩子显然更容易适应新环境。他们具备相应的能力（虽然只是部分），在不同的情况下能够依靠自己。而那些习惯什么事都由大人代劳的孩子，他们被保护得过了头、看管得太紧，会在假期活动初期遇到一些困难。不过，假期恰恰能让他摆脱束缚，来到一个不同的环境，让他们察觉到自己的能力。

**如何对孩子说这件事。**理想情况是孩子主动提出（在学校里听人说起，或者有朋友想去，或者他喜欢露营活动）。但是，如果孩子没有这个想法，家长就要主动提出了，不过不能强求。家长的态度要和蔼，可以谈谈自己或家里其他人关于这件事的想法："我小的时候就想做这件事，可惜这个愿望没能实现。""爸爸小时候总去参加夏令营，玩得可开心了。"

**朋友。**孩子与好朋友或者哥哥姐姐等人一起去度假，这能够大大减轻孩子和家长心中的担忧。和信任的哥哥姐姐或者好朋友在一起，孩子能更好地适应新环境。不过，一个好的带队老师知道如何在一开始（往往在队伍出发时）就让大家熟络起来，这样，孩子游玩回来后，常常会向父母介绍他们的新朋友。


## 给家长们的几条建议

离家度假这件事是一次成长机会，对孩子来说是这样，对家长亦如此。他们可以抑制住自己的忧虑，不让这些情绪影响到孩子，分清楚哪些事是自己的想法，哪些事才是孩子担心的。

**特殊关照。**如果孩子有特殊情况或习惯，家长要事先告知活动组织者，比如孩子需要按时服药，或者在饮食上有禁忌，或者晚上要起夜等。

**电话联系。**这些暑假活动一般都会根据孩子的年龄以及活动时间制订相应的规则。家长最好遵守这些规则，不要总是给孩子打电话或者去探望，否则可能会让孩子感到不安，或者唤醒他们内心深处的焦虑。如果孩子遇到了问题，或者不能适应新环境，应当由活动负责人打电话通知家长。至于要不要带手机，最理想的做法是把手机留在家里（这样也能避免孩子不小心把它弄丢）。但如果实在做不到不联系孩子，那么每周的通话次数要限制在 2 ~ 3 次，并且和孩子约好晚上通话。

**家里有重要的事发生。**家里有重要的事情发生时——比如家中有人生病住院，搬家，有人去世，新生儿到来——孩子会感到不安，要么不愿意去参加活动，或者即使已经去了，但知道这些事后就想马上回家。虽然家长让孩子出去度假是出于好意，但是孩子会把它理解成父母不太想管自己、想把自己打发走。有的孩子会为自己在关键时刻帮不上忙而感到自责。

**遵守各项时间安排。**对于第一次离家度假的孩子来说，时长在 7 ~ 10 天比较理想。不过要注意，不要让孩子早退或迟到。第一种情况下，如果孩子只能待一部分时间，其他孩子会觉得没必要和他成为好朋友。第二种情况是，当孩子到达活动地时，其他人已经彼此熟识和交好了，在接下来的假期活动中，孩子就会觉得自己是个"局外人"。

**如何选择。**最好是让孩子说出自己的偏好，尤其是那些大一点的孩子。孩子的动力非常重要，去参加一个自己不喜欢的夏令营，整个假期可能都会过得很糟。利弊也应当同时考虑。那些以某项高强度运动（网球、马术、田径等）为主的夏令营，家长要三思而后行，毕竟一天运动一小时令人愉悦，可一天要是得运动五六个小时，假期就会变成一场噩梦。

**出发前孩子出现严重不适**。有时，眼看活动就要开始了，家长也可以决定不让孩子前往。这一决定实属无奈，只能是当孩子表现出严重的焦虑症状时，如失眠、心不在焉、饮食习惯发生改变、突然封闭自我、大哭、对事情反应过激或者出现癔症。

**来自夏令营的"求救"**。活动的第一个晚上，如果孩子打电话让你们去接他，一定不要紧张，更不要为此而感到自责。要告诉孩子，离开家的第一晚是会有些难过，坚持一两天就会好的。如果孩子依然重复这一要求，家长也不要十万火急地赶往活动地，而是先与负责人取得联系。

# 溺爱孩子

　　娇生惯养的孩子很少招人喜欢。他们只想着自己，不愿意分享，毫不在乎他人的想法。如果任由这种情况持续下去，孩子长大后也不会受到别人的欢迎。这就是为什么不能让孩子在溺爱中长大。

　　几十年前，这个问题只和一些富家子弟有关。那些所谓的"小王子"，待在他们的金笼子里。如今，"小王子"在各个社会阶层的家庭中都很常见，这与其说是钱的问题，不如说是一种观念问题。

　　被宠坏的孩子有很明确的愿望。5岁时，他会为了得到橱窗里的玩具而当众撒泼；6岁时，为了继续在公园里玩耍而不回家，他会对爸爸拳打脚踢；8岁时，他会反抗大人提出的任何要求，即使是那种最合理的要求；14岁时，本来可以走路去朋友家，他却偏要妈妈开车带他去。孩子的这些表现，常常是父母的责任。

　　**溺爱型的父母。**父母不会刻意去溺爱孩子，他们这么做其实是有原因的。比如，爸爸和妈妈都是上班族，每天工作结束后才有一点时间陪伴他们那还在上学前班的孩子，他们当然希望这段时间是快乐的，所以会答应孩子的任何要求，而不愿制造冲突。还有可能是父母自己小时候被家长管得太严，所以他们为人父母后就采用了完全相反的家教方式。有些家长见不得孩子不开心，希望孩子时刻都高高兴兴的。还有一些家长的教育方法是建立在谎言之上的，只不过他们自己没有发现。举个例子。发现3岁的儿子把吃的扔到了地上，妈妈就吓唬他："你再扔一次试试！"孩子又扔了一次，妈妈也只是无奈地说"我都告诉你不能扔了……"。在这个例子里，妈妈说的和做的不一样，孩子也就不会在乎她说的话了。

**孩子的性情。**溺爱固然不对，家长却也能为他们的做法寻找一些开脱。首先就是孩子的性情。有的孩子性情乖张，有的很难与人交往，还有的忍受不了与父母分别。这种情况下，家长就会对孩子格外呵护。比如，有的孩子都5岁了还是不能面对分别，睡觉前总是要耍闹一番。察觉到了孩子的这种脆弱，大人就倾向于纵容孩子。与此同时，这种无限度的关爱也无法让孩子学会与父母分别。

**我们的文化。**第二条开脱理由是我们的生活环境，它也是孩子被宠坏的原因之一。比如，许多孩子沦为了广告的俘虏，他们很难明白"想要"并不是"需要"，而且当他们看中了广告、报纸、超市里的某样商品但父母却不给买的话，许多孩子就会觉得父母"不好"。再者，科技的泛滥也导致了一种即时满足——有些电脑游戏马上就能过关，有些电视节目笑料不断，这就无法使孩子养成坚持的习惯。想要有所成就，需要等待、做长期规划、付出努力甚至受苦受难。

**干预策略。**要遏制这种势头，不一定非要采用严苛的方法，家长只需注意言行一致，采用与孩子年龄和敏感程度相符的个性化策略即可。

比如，新生儿确实很快就能学会用哭声来吸引大人的注意，可家长如果不予回应，孩子就会觉得没人关心自己。这种情况出现得多了，孩子就会感觉到不安，从而变得愈发爱哭。

正确的做法是找到平衡。家长既不能孩子一哭马上就跑过去，也不能只是到点喂孩子吃饭，之后任凭其如何哭闹都一概不管。有些情况下，家长还要能够说"不"。孩子可能会抗议，可能会哭闹，但是他们会因此明白事情并非总能如其所愿。要让孩子想办法做成一些他们力所能及的事情，这会让他们变得有责任心，而不会被宠坏。

孩子4~6岁时，应该能明白"轮流"的概念并且与其他孩子分享玩具。

当孩子吵着要一样东西时，我们可以问问他为什么要，这会帮助孩子去思考和理解他的要求背后到底是购买欲在作祟，还是确有合适的理由。经过一番询问，我们与孩子就能够互相理解，家长也无须再做让步。

## 家长为什么会溺爱孩子？

溺爱孩子的家长一般出于以下几种原因。

**给孩子一切。**那些小时候家境不好或者受到忽视的家长不希望他们的孩子重蹈覆辙。结果有的家长矫枉过正，变得对孩子百依百顺，过分宠溺。

**补偿的需要。**体弱多病的孩子会更容易受到呵护。这可以理解。但如果超过限度，就变成溺爱了。

**应允比拒绝更容易。**孩子有什么要求，家长都予以满足，这样孩子就不会耍闹，日子也会更轻松。不过，随着时间的推移，孩子会变得越来越不听话和自私。

**"学以致用"。**家长就是在宠爱下长大的，他们学会了这种教育方法，并且用它来教育自己的孩子。

**独生子女。**独生子女很容易成为家人关注的焦点，他们最有可能受到溺爱。但这并不意味着所有的独生子女都会被宠坏。而那些有兄弟姐妹的孩子就可以免于这种风险。

出 品 人：许　永
出版统筹：海　云
责任编辑：许宗华
特邀编辑：王佩佩
封面设计：海　云
印制总监：蒋　波
发行总监：田峰峥

发　　　行：北京创美汇品图书有限公司
发行热线：010-59799930
投稿信箱：cmsdbj@163.com

微信公众号

官方微博